中国社会科学院国情调研特大项目 "精准扶贫精准脱贫百村调研"

精准扶贫精准脱贫百村调研丛书

CASE STUDIES OF TARGETED POVERTY REDUCTION AND
ALLEVIATION IN 100 VILLAGES

李培林／主编

精准扶贫精准脱贫
百村调研·桐滩村卷

太行山干石山区村庄精准扶贫实践

郭建宇／著

社会科学文献出版社

SOCIAL SCIENCES ACADEMIC PRESS (CHINA)

中国社会科学院国情调研特大项目
"精准扶贫精准脱贫百村调研"
项目协调办公室

主　任：王子豪

成　员：檀学文　刁鹏飞　闫　珺　田　甜　曲海燕

总　序

　　调查研究是党的优良传统和作风。在党中央领导下，中国社会科学院一贯秉持理论联系实际的学风，并具有开展国情调研的深厚传统。1988年，中国社会科学院与全国社会科学界一起开展了百县市经济社会调查，并被列为"七五"和"八五"国家哲学社会科学重点课题，出版了《中国国情丛书——百县市经济社会调查》。1998年，国情调研视野从中观走向微观，由国家社科基金批准百村经济社会调查"九五"重点项目，出版了《中国国情丛书——百村经济社会调查》。2006年，中国社会科学院全面启动国情调研工作，先后组织实施了1000余项国情调研项目，与地方合作设立院级国情调研基地12个、所级国情调研基地59个。国情调研很好地践行了理论联系实际、实践是检验真理的唯一标准的马克思主义认识论和学风，为发挥中国社会科学院思想库和智囊团作用做出了重要贡献。

　　党的十八大以来，在全面建成小康社会目标指引下，中央提出了到2020年实现我国现行标准下农村贫困人口脱贫、贫困县全部"摘帽"、解决区域性整体贫困的脱贫攻坚目标。中国的减贫成就举世瞩目，如此宏大的脱贫目标世所罕见。到2020年实现全面精准脱贫是党的十九大提出的三大攻坚战之一，是重大的社会目标和政治任务，中国的贫困地区在此期间也将发生翻天覆地的变化，而变化的过程注定不会一帆风顺或云淡风轻。记录这个伟大的过程，总结解决这个世界性难题的经验，为完成这个攻坚战献计献策，是社会科学工作者应有的责任担当。

2016年，中国社会科学院根据中央做出的"打赢脱贫攻坚战"战略部署，决定设立"精准扶贫精准脱贫百村调研"国情调研特大项目，集中优势人力、物力，以精准扶贫为主题，集中两年时间，开展贫困村百村调研。"精准扶贫精准脱贫百村调研"是中国社会科学院国情调研重大工程，有统一的样本村选择标准和广泛的地域分布，有明确的调研目标和统一的调研进度安排。调研的104个样本村，西部、中部和东部地区的比例分别为57%、27%和16%，对民族地区、边境地区、片区、深度贫困地区都有专门的考虑，有望对全国贫困村有基本的代表性，对当前中国农村贫困状况和减贫、发展状况有一个横断面式的全景展示。

在以习近平同志为核心的党中央坚强领导下，党的十八大以来的中国特色社会主义实践引导中国进入中国特色社会主义新时代，我国经济社会格局正在发生深刻变化，脱贫攻坚行动顺利推进，每年实现贫困人口脱贫1000多万人，贫困人口从2012年的9899万人减少到2017年的3046万人，在较短时间内实现了贫困村面貌的巨大改观。中国社会科学院组建了一百支调研团队，动员了不少于 500 名科研人员的调研队伍，付出了不少于 3000 个工作日，用脚步、笔尖和镜头记录了百余个贫困村在近年来发生的巨大变化。

根据规划，每个贫困村子课题组不仅要为总课题组提供数据，还要撰写和出版村庄调研报告，这就是呈现在读者面前的"精准扶贫精准脱贫百村调研丛书"。为了达到了解国情的基本目的，总课题组拟定了调研提纲和问卷，要求各村调研都要执行基本的"规定动作"和因村而异的"自选动作"，了解和写出每个村的特色，写出脱贫路上的风采以及荆棘！对每部报告我们都组织了专家评审，由作者根据修改意见进行修改，直到达到出版要求。我们希望，这套丛书的出版能为脱贫攻坚大业写下浓重的一笔。

中共十九大的胜利召开，确立习近平新时代中国特色社会主义思想作为各项工作的指导思想，宣告中国特色社会主义进入新时代，中央做出了社会主要矛盾转化的重大判断。从现在起到 2020 年，既是全面建成小康社会的决胜期，也是迈向第二个百年奋斗目标的历史交会期。在此期间，国家强调坚决打好防范化解重大风险、精准脱贫、污染防治三大攻坚战。2018 年春节前夕，习近平总书记到深度贫困的四川凉山地区考察，就打好精准脱贫攻坚战提出八条要求，并通过脱贫攻坚三年行动计划加以推进。与此同时，为应对我国乡村发展不平衡不充分尤其突出的问题，国家适时启动了乡村振兴战略，要求到 2020 年乡村振兴取得重要进展，做好实施乡村振兴战略与打好精准脱贫攻坚战的有机衔接。通过调研，我们也发现，很多地方已经在实际工作中将脱贫攻坚与美丽乡村建设、城乡发展一体化结合在一起开展。可以预见，贫困地区的脱贫攻坚将不再只局限于贫困户脱贫，我们有充分的信心从贫困村发展看到乡村振兴的曙光和未来。

是为序！

全国人民代表大会社会建设委员会副主任委员

中国社会科学院副院长、学部委员

2018 年 10 月

前　言

　　2016年10月，中国社会科学院组织实施国情调研特大项目"精准扶贫精准脱贫百村调研"，本项目对全国范围内兼具代表性和典型性的100个贫困村开展村庄国情调研。调研目的是及时了解和展示我国当前处于脱贫攻坚战最前沿的贫困村的贫困状况、脱贫动态和社会经济发展趋势，从村庄脱贫实践中总结当前精准扶贫和精准脱贫的经验教训，为进一步的精准脱贫事业提供经验和政策借鉴。

　　本人很荣幸作为"精准扶贫精准脱贫百村调研"之一的山西省左权县桐滩村子课题组负责人，组织并完成了农户、村庄调研及报告的撰写。

　　本课题组选择左权县桐滩村作为百村调研对象，是基于几方面考虑。第一，山西省的贫困县主要集中在太行山、吕梁山两个连片特困地区，总课题组已有子课题组选择吕梁山片区内贫困县村庄作为研究对象。为了体现项目的代表性、典型性，本课题组将研究对象确定在太行山区域内。左权县是国家扶贫开发工作重点县，虽然不属于燕山—太行山连片特困地区县，但它位于太行山脉中段西侧，山高沟深、土地贫瘠，具备典型的太行山干石山区特征。第二，左权县是革命老区。左权县名就来自抗战英雄左权将军，这里曾是华北敌后抗战的政治、军事、经济和文化中心，朱德、彭德怀、刘伯承、邓小平等老一辈无产阶级革命家曾在这里战斗、生活长达四年。革命老区摆脱贫困一直是扶贫开发工作的重点内容之一。另外还有一个原因，本人曾在几年前为做扶贫培训案例到左权县进行庄园经济调研，感觉到该县扶贫工作做得扎实有效，所以想继续观察它在脱贫攻坚中的表现。第三，在左权县内选择桐滩村，主要基于本次"精准扶贫精准脱贫百村调研"主题的需要。桐滩村是左权县地处偏远、贫困发生率高、贫困人口较多的国定贫困村之一，也是典型的北方山区村庄，具有较好的代表性。

为了完成本次调研项目，本课题组从第一次调研到第四次补充调研，历时将近一年。

2016 年 11 月 17 日，本课题组第一次到左权县桐峪镇调研。首先与乡镇领导、桐滩村"两委"主要干部进行座谈，说明本次调研背景、意义及主要内容，希望得到各级领导及村民的大力支持。桐滩村是桐峪镇政府所在地，包括 7 个自然村。为了了解整个村庄的基本情况，并为下一步的农户抽样调查做周密细致的计划，调研小组在与干部座谈会后，由分管扶贫的王副镇长带领，先后到 7 个自然村与村中负责人对接、沟通调研事宜，还到了原来属于桐滩村、现已不复存在的 3 个自然村，实地感受小村落的消失。往返 4 天的第一轮调研完成了对桐滩村的初步摸底调查，收集到全村住户信息，为接下来的调研创造了良好开端。

桐滩村的 7 个自然村距乡镇远近不一，村中常住农户数量相差很大。最大的自然村有 600 多农户，最小的自然村只有 10 多户。按照分层抽样方法，我们将整个桐滩村的贫困户、非贫困户分别作为两个样本框，在两个样本框中分层抽样的话，除了桐峪、滩里 2 个大的自然村之外，其他 5 个自然村被抽中的样本就会很少甚至没有，而且可能出现样本户不在家的情况，因此，为了能反映出远离乡镇中心的小村落贫困情况，调研组决定对每个村都进行农户抽样调查。我们把每个自然村的农户按照贫困户、非贫困户分成两个样本框，并按照户主年龄进行排序、分组，在每个年龄组内随机选择样本户。

于是，2017 年 2 月 13 日，农历正月十七，课题组成员在元宵佳节浓郁氛围还未散去时第二次来到桐峪镇进行调研。之所以选择这个时间，有两个考虑，一是元宵节刚过，许多人还沉浸在节日欢乐中，尚未动身外出打工，这是一年中村里人比较多的时候。二是课题组成员工作、学习还处于比较自由的时间段。本次调研的主要任务是入户调查，首先选择离县城最近的 2 个自然村申家峧和石暴村进行调查。调研发现，因为村中实际居住的农户较少，无法完全按照制定的抽样方案来实施，只能根据户主年龄段分组后，在本组中看有哪些农户在家，就到哪些农户家调查，这样能最大限度地覆盖到不同年龄段的农户。除去路途时间，在 3 天半的实际入户时间内，课题组完成了 4 个自然村共 29 户问卷，还在县城、乡镇相关部门进行了资料搜集工作。

每年 3 月底 4 月初是乡镇政府、农户比较繁忙的季节，乡镇政府主要忙着森林防火，农户主要忙着准备春耕，因此，课题组第三次到桐滩村的调研时间需要根据乡镇、农户的情况来决定。2017 年 4 月 16~21 日，课题组再次来到桐滩村，本次主要完成了桐峪、滩里 2 个大自然村和杨家峧村的农户问卷调查。桐峪、滩里的抽样，我们是把村内住户分成建档立卡贫困户、非贫困户两个抽样框，按照户主年龄排序后，采取等距抽样方法抽取样本。为确保完成农户抽样调查数量，在 2 个大村共抽样 80 户。因有的农户常年在外，实际调研样本少于抽样数量。

本次调研，我们累计完成了 88 户问卷（贫困户 48 户、非贫困户 40 户）调查工作，以及村庄内水、电、路、教育、医疗等基础设施、公共事业发展情况，为调研报告收集到必要素材。调研结束后，课题组开始整理、录入农户问卷、照片等资料，并按照总课题组的要求及时上报，同时，对问卷进行分析，着手撰写调研报告。

根据总课题组项目计划，为了解 2017 年上半年村庄最新发展变化并对一些内容进行补充调研，我们于 2017 年 10 月 26~28 日第四次到桐滩村进行调研，至此，桐滩村课题组 5 位成员累计调研 52 个工作日，课题实地调研圆满结束。

本书包括正文和附录两大部分。正文分六章：第一章概述左权县的自然地理、经济发展情况、贫困状况及脱贫攻坚措施；第二章主要介绍桐滩村地理位置、历史沿革及经济发展情况；第三章分析桐滩村贫困状况及致贫原因；

第四章着重分析桐滩村产业扶贫实践情况；第五章分析桐滩村教育与健康扶贫实践；第六章从居住、生活及保障政策方面分析桐滩村扶贫实践。附录包括9篇人物深度访谈，课题组根据致贫原因、脱贫行动选取了几户有代表性的农户进行深度访谈，一方面表达贫困成因的多元与复杂，另一方面试图通过具体人物的经历来描绘访谈对象为摆脱贫困所进行的不懈努力及取得的成效。

目　录

第一章

左权县概况

第一节　自然地理与历史沿革

一　自然地理

左权县位于山西省晋中市东南部，北连和顺，西接榆社，南邻武乡、黎城，东与河北邢台、武安、涉县相接，地处晋、冀两省交通要道。阳（泉）涉（县）铁路、207国道纵贯南北，素有"晋疆锁钥、山西屏障"的美称。县域面积2028平方公里，其中耕地面积24万亩，境内山多地少坡广，有"八山一水一分田"的说法。

左权县地处太行山主脉中段西侧，地理坐标为北纬36°45'~37°17'、东经113°06'~113°48'，地形西、北、东三面高，中南部低。西北部海拔大多在 1200 米以上，最高海拔为 2141 米；东南海拔大多在 1000 米左右，最低 650 米。全境主要地形区域分为土石山区、深石山区、山间河谷区三部分。

左权县地处内陆，属温带大陆季节性气候，四季平均气温 7.4℃，昼夜温差 15℃~21℃，年无霜期 150 天，年降雨量 540 毫米左右。境内河流属海河流域的南河水系，主要河流有：东清漳河、西清漳河及清漳河干流，清漳河纵贯县境南北，全长 125.4 公里。

二 历史沿革

左权县历史悠久，早在 4000 多年前就有人筑城于此，县名多次变更，先称辽阳邑、辽河、辽州等，后称辽县，这是因辽水过境而得名。左权县春秋时期属于晋国，战国时期先期属韩，后又属赵。秦、西汉时期都属于上党郡。东汉延康元年（220 年）开始设置辽河县，属乐平郡。唐朝为辽山县，明洪武元年（1368 年）裁辽山县，并入辽州，隶山西布政使司，升辽州为直隶州，辖榆社、和顺二县。清雍正九年（1731 年）山西恢复道制，辽州隶冀宁道。

中华民国元年（1912 年）辽州改名辽县，民国 3 年（1914 年），隶冀宁道，民国 16 年（1927 年）废道，直隶山西省政府。

1937 年全面抗战爆发，辽县隶属山西省第三行政公置管辖。1939 年 7 月，侵华日军占据县城，辽县抗日民主政府移驻西黄漳村，隶属太行第三专区。1941年9月，晋冀鲁豫边区政府决定，以平辽公路为界，划县境西北部置辽西县，县抗日民主政府驻蒿沟村，隶属太行第三专区。

1942年5月25日国民革命军第八路军副参谋长左权将军在反"扫荡"战斗中于十字岭壮烈牺牲。为纪念左权将军，1942年9月经晋冀鲁豫边区政府批准，辽县易名左权县。

1943年，辽西县改属太行第二专区。1945年4月，县城光复，辽西县政府迁回县城。同年11月，左权、辽西两县合并为左权县，撤销辽西县置。

1949年10月1日中华人民共和国成立后，左权县隶属山西省榆次专区。1958年10月，左权、和顺两县合并为和顺县，撤销左权县置。1959年6月，恢复左权县置，直至1990年，属山西省晋中地区。

2001年2月，全县原15个乡镇经撤乡并村后变更为5个镇、5个乡，共203个行政村。5个镇分别是辽阳镇、桐峪镇、麻田镇、芹泉镇和拐儿镇。

第二节　人口概况

2016年底左权县常住人口68176户，共165796人，其中，城镇人口73131人，乡村人口92665人，城镇化率约44%。近三年城镇化率不断提高。男性人口87916人，女性人口 77880 人（见表 1-1）。

左权县 2016 年乡村从业人员 62413 人，其中，从事农林牧渔业的人约占 67%，占比最大，其余 33% 的人分布在工业、建筑或其他行业，表明现在乡村人口从业的多元化，已有 1/3 的人离开农业进入其他产业中。但是，从近三年来看，从事农林牧渔业的人数逐年增加，从事工业、建筑业的人则逐年减少，这应该与宏观经济形势有紧密联系（见表 1-2）。

表1-1　左权县常住人口数

项目		2014 年	2015 年	2016 年
总户数（户）		69463	68251	68176
常住人口（人）		164565	165042	165796
按性别分（人）	男	84362	88316	87916
	女	80203	76726	77880
按城乡分（人）	城镇化人口	68935	71016	73131
	乡村人口	95630	94026	92665
城镇化率（%）		42	43	44

资料来源：《山西统计年鉴》（2015~2017）。

表1-2　左权县乡村从业基本情况

单位：人

项目	2014 年	2015 年	2016 年
乡村从业人员	63062	62726	62413
农林牧渔	40092	41710	41991
工业	5462	4981	4740
建筑业	5602	5407	5343
其他行业	11942	10628	10339

资料来源：《山西统计年鉴》（2015~2017 年）。

第三节　经济发展情况

一　地区生产总值

　　2016 年左权县地区生产总值为 44.79 亿元，人均地区生产总值为 2.70 万元（见表 1–3），三次产业比重分别为 7.9%、47.11%、44.92%。近三年第二、三产业总值逐年增加，产业结构逐渐优化。

表 1–3　左权县地区生产总值及其构成

项目	2014 年	2015 年	2016 年
地区生产总值（亿元）	40.77	43.05	44.79
第一产业	3.82	3.48	3.56
第二产业	19.92	20.54	21.10
第三产业	17.02	19.02	20.12
人均地区生产总值（元）	24815	26092	27064

注：本部分的经济指标全部按当年价格计算。

资料来源：山西统计年鉴（2015~2017 年）。

　　左权县农林牧渔业总产值不高，2016 年为 6.28 亿元，低于前两年，且以农业为主，占比 74%，林业、渔业比重较低。全县农林牧渔服务业产值较小，不足 2000 万元（见表 1–4）。

表1-4 左权县农林牧渔业总产值

单位：亿元

项目	2014 年	2015 年	2016 年
农林牧渔业总产值	6.48	6.39	6.28
农业产值	4.66	4.63	4.65
林业产值	0.28	0.34	0.17
牧业产值	1.36	1.21	1.25
渔业产值	0.04	0.06	0.04
农林牧渔服务业产值	0.13	0.14	0.15

资料来源：山西统计年鉴（2015~2017 年）。

左权县 2016 年工业单位数为 17 个，比上年减少 1 个，工业销售产值 31.05 亿元，高于上年，但是利税总额、利润总额均由前两年的正数变为负数（见表 1-5），表明 2016 年左权工业发展效益不容乐观。全年全社会固定资产投资完成 99.40 亿元。

表1-5 左权县工业主要指标

单位：个，亿元

项目	2014 年	2015 年	2016 年
单位数	24	18	17
工业销售产值	36.37	30.13	31.05
资产总计	223.05	216.84	191.93
主营业务收入	33.11	29.60	26.96
利税总额	3.26	2.71	−2.24
利润总额	0.59	0.39	−4.32
应交增值税	2.45	1.79	1.07

资料来源：山西统计年鉴（2015~2017 年）。

二 财政收支与人均收入

2016 年全县财政总收入完成 6.86 亿元，其中，一般公共预算收入 4.53 亿元，主体税种增值税、营业税、企业所得税共完成税收 0.91 亿元。增值税额比前两年明显增加，营业税额不足 2015 年的一半，企业所得税明显减少。上级补助收入 8.84 亿元。全县一般公共预算支出 13.73 亿元（见表 1-6），教育、医疗卫生、社会保障与就业、节能环保等公共服务共支出 6.3 亿元。

2016 年左权县居民人均可支配收入 12207 元。城镇居民人均可支配收入完成 23687 元，农村常住居民人均可支配收入完成 4745 元（见表 1-7）。农村居民人均可支配收入虽然逐年增加，但是与山西省农村居民人均可支配收入 10082 元相比差距较大，不足全省均值的一半。与全国农村居民人均可支配收入 12363 元相比，仅为全国均值的 38.4%。

表 1-6　左权县财政收支

单位：亿元

项目	2014 年	2015 年	2016 年
公共财政收入	5.43	4.50	4.53
增值税	0.16	0.28	0.38
营业税	0.99	0.87	0.36
企业所得税	0.33	0.27	0.17
公共财政支出	13.34	13.08	13.73

资料来源：山西统计年鉴（2015~2017 年）。

表 1-7　左权县居民人均可支配收入

单位：元

项目	居民人均可支配收入	农村常住居民人均可支配收入
2014 年	10768	4142
2015 年	11482	4430
2016 年	12207	4745

资料来源：山西统计年鉴（2015~2017 年）。

三　农业发展情况

左权县的粮食作物主要是秋粮作物，全县 2016 年播种面积为 11537 公顷（见表 1-8），按全县乡村人口计算，人均大约 1 亩地，约 90% 的耕地种植谷物，其中又以玉米为主。

表 1-8　左权县主要粮食作物播种面积

单位：公顷

项目	2014 年	2015 年	2016 年
粮食作物	11550	11652	11537
秋粮作物	11520	11638	11523
谷物	10244	10218	10101
小麦	—	13	13
玉米	8206	7985	7782
谷子	1811	1976	1968
高粱	35	68	67
燕麦	79	79	70
荞麦	79	83	84
豆类	631	642	640
大豆	621	629	629
薯类	675	792	795
马铃薯	654	747	748

资料来源：山西统计年鉴（2015~2017 年）。

2016 年左权县粮食总产量 56729 吨，且主要是秋粮，产量达 56686 吨，其中谷物产量 53114 吨，谷物中又以玉米产量为主，产量 46620 吨。大豆、马铃薯的产量分别为 1242 吨、2255 吨（见表 1-9），粮食作物产量近三年呈递减趋势。全县人均粮食产量 342.16 千克。

从粮食作物种植面积、产量看，左权县人均耕种面积小、粮食产量低，是一个粮食输入县，居民主食的小麦面粉和大米都需要从外部购进。

表1-9 左权县主要粮食作物产量

单位：吨

项目		2014 年	2015 年	2016 年
粮食作物		59643	59583	56729
秋粮作物		59643	59543	56686
谷物		55494	55904	53114
	小麦	—	40	44
	玉米	49755	49451	46620
	谷子	5289	5967	6002
	高粱	86	179	165
	燕麦	121	120	105
	荞麦	125	130	127
豆类		1331	1244	1254
	大豆	1313	1227	1242
薯类		2818	2436	2366
	马铃薯	2774	2332	2255

资料来源：山西统计年鉴（2015~2017 年）。

除了粮食作物外，近三年左权县种植的经济作物有油料作物，以及向日葵、药材、蔬菜等（见表 1-10），播种面积呈现逐年递增的趋势。

表1-10 左权县部分经济作物生产基本情况

单位：公顷，吨

项目	2014 年	2015 年	2016 年
油料			
播种面积	219	300	301
总产量	401	407	436
向日葵			
播种面积	65	68	84
总产量	85	93	131
药材类			
播种面积	231	239	338
总产量	224	81	144
蔬菜			
播种面积	601	535	740
总产量	22974	22571	56399
瓜果类			
播种面积	1	1	3
总产量	10	7	13

资料来源：山西统计年鉴（2015~2017 年）。

左权县畜牧业以养猪、养羊、养鸡为主，2016 年全县肉类总产量 3652 吨（见表1-11），低于前两年，养猪、养鸡规模与上年接近，但养羊规模明显增加。

表1-11 左权县畜牧业生产情况

项目	2014 年	2015 年	2016 年
牛年末存栏（头）	2829	3089	4477
猪年末存栏（头）	16882	15313	15146
羊年末存栏（只）	72814	136093	144807
禽年末存栏（只）	399072	490850	455350
肉类总产量（吨）	4326	3785	3652
猪肉	2401	2047	1535
牛肉	387	251	231
羊肉	764	796	1139

资料来源：山西统计年鉴（2015~2017 年）。

四 旅游资源

左权县旅游资源十分丰富，境内有革命遗址 150 余处，名胜古迹 44 处，自然景观 800 余处，其中，一级旅游资源 12 处，二级旅游资源 23 处，涵盖了人文资源、自然资源 2 个主类，形成了"红、绿、金"三色旅游资源，即以麻田八路军总部纪念馆、太行革命根据地第一村——西河头、桐峪晋冀鲁豫边区临时参议会为代表的红色资源；以太行龙泉风景区、莲花岩风景区、紫金山、日月星生态庄园为代表的绿色生态资源；以非物质文化遗产左权民歌、小花戏和老井民俗旅游村为代表的金色资源。

左权红色旅游资源还具有很强的独占性。抗战时期，八路军总部、中共中央北方局、八路军 129 师司令部等党、政、军、工、商、学机关单位团体在左权长期驻扎，朱德、彭德怀、左权、刘伯承、邓小平等老一辈无产阶级革命家在这里运筹帷幄，生活战斗，加之左权将军血洒于此，遗留下了 150 多个革命纪念地，也被誉为"没有围墙的抗战博物馆"。左权县是华北敌后抗战的政治、军事、经济、文化中心，太行革命根据地的策源地，晋冀鲁豫根据地游击战争发祥地，第一个"三三制"民主政权诞生地，是全国闻名的革命老区、全国 100 个红色旅游经典景区之一。

左权县还有一个特别之处，即素有"万首民歌千出戏""歌舞之乡"美誉。2006 年，"左权开花调"被确定为国家首批非物质文化遗产，2008 年左权县被文化部命名为

"中国民间文化艺术之乡"，2014年"左权小花戏"又荣登第四批国家非物质文化遗产名录。

此外，由赵树理创作的《小二黑结婚》《李有才板话》两部小说，其地点和原型人物都源于左权县，左权县因此以中国现代文学"山药蛋流派"发祥地而声名远扬。电影《老井》从这里走向世界，而老井村也因电影改变了命运。

第四节　贫困状况及脱贫攻坚措施

一　贫困状况

左权县是太行山革命老区国家扶贫开发工作重点县。1986年，中国政府根据1985年人均纯收入确定331个县为国家重点扶持贫困县（即国定贫困县），山西省有14个县列入名单，左权县并不在其中，而是属于21个省定贫困县之列。1994年，为了更多地覆盖贫困人口，国家重点扶持贫困县扩大到27个省（自治区、直辖市）的592个，这次调整后，山西省有35个县列入国定贫困县，左权属于其中之一。2001年，中国开始新阶段扶贫开发时，为了提高贫困瞄准率，就把东部地区的33个贫困县指标用到了中西部贫困地区，并更名为"扶贫开发工作重点县"，此次调整后，山西仍然保持35个重点县数量，左权属于扶贫开发工作重点县，因此，左权作为国家级贫困县的历史已有 25 年。

目前，左权全县辖 10 个乡镇、203 个行政村。经 2014 年精准识别及 2015 年的"回头看"后，全县识别出贫困村 125 个，占行政村总数的 61%；识别出贫困户 13525 户，占全县农业人口总户数的 26.8%；建档立卡贫困人口 33947 人。①

截止到 2016 年末，按当年贫困人口脱贫线 3026 元标准，全县有贫困村 102 个，占行政村总数的 50.2%；贫困户 12109 户，占全县农业人口总户数的 23.8%；贫困人口 29906 人，占全县农业人口总数的 21.9%。②

二 脱贫攻坚措施

2016 年，左权县为打赢脱贫攻坚战调整了扶贫思路，确立"两步走"的脱贫规划。

第一步，2018 年全县贫困人口全部脱贫，贫困村有序退出，贫困县摘帽，实现本质脱贫。

第二步，摘帽后两年，继续巩固脱贫成效，确保到 2020 年稳定实现全县农村贫困人口"两不愁三保障"，保持生产生活稳定增长。

同时，县委县政府还出台《关于坚决打赢全县脱贫攻坚战的实施方案》，成立乡村扶贫工作站室，推进干部入

① 《2016 年左权县政府工作报告》，左权县人民政府网，www.zqxzf.com。
② 左权县政府：《左权县脱贫攻坚工作情况》，2017 年 10 月 24 日。

户帮扶措施。

为了完成精准扶贫精准脱贫规划的第一步目标,确保 2018年底全县贫困人口全部脱贫。2016年,左权在全县推进《关于坚决打赢全县脱贫攻坚战的实施方案》,实施七大工程、21项专项行动,即根据本县具体情况,将"五个一批"脱贫措施细化为五大工程12项行动,并提出了旨在强化帮扶的"结对帮扶共建工程"3项行动,以及改善基础设施的"基础能力改善工程"6项行动(见表1-12)。

表1-12 左权县扶贫攻坚工程与专项行动

序号	攻坚工程	专项行动
1	特色产业增收工程	大力发展核桃、杂粮、设施蔬菜、中药材、规模健康养殖五大产业 新型经营主体扶贫行动 光伏扶贫行动 旅游扶贫行动 电商扶贫行动
2	易地扶贫搬迁工程	易地扶贫搬迁行动 改善人居环境扶贫行动
3	生态建设补偿工程	生态建设扶贫行动
4	教育培训增技工程	教育扶贫行动 培训就业扶贫行动
5	社会兜底保障工程	农村社保扶贫兜底行动 特殊群体关爱扶贫行动
6	结对帮扶共建工程	干部驻村帮扶扶贫行动 企业产业扶贫行动 社会扶贫行动
7	基础能力改善工程	交通扶贫行动 水利扶贫行动 电力和清洁能源扶贫行动 文化和信息扶贫行动 健康扶贫行动 科技扶贫行动

资料来源:李富根等,《图说左权扶贫模式》,中国发展门户网。

特色产业增收工程的措施及效果主要是：整合全县财政涉农资金10大类7000余万元，新发展中药材3万亩、核桃1万亩、设施蔬菜1200亩。建成村级光伏电站15座、屋顶分布式电站830座。培育规模养殖户292个。29个乡村列入全国乡村旅游扶贫重点村。[①]

就业方面，在全县范围内共组建农建水保、整地造地、造林绿化三类专业队112支，吸纳贫困劳动力2000余人。

改善人居环境扶贫行动、农村社保扶贫兜底行动等行动的具体落实则是在人数超过1000人的村庄开展扶贫"八普及一创建"，即普及农村红白理事厅、太阳能公共浴室、老年人日间照料中心、垃圾填埋场、群众健身场地、文化活动场所、卫生室、幼儿园，创建贫困生救助新模式。从乡村乡貌、文化教育、医疗健康等方面进行普惠性改善。

① 《左权县2017年政府工作报告》，山西左权县政府网站。

第二章

桐滩村基本情况

第一节　桐峪镇概述

　　桐峪镇位于左权县城东南 35 公里处,207 国道贯穿全镇,土地总面积 154 平方公里,共有 16 个行政村 26 个自然村。2017 年末,全镇总户数 4612 户,其中,纯农户 3609 户;总人口 11244 人,劳动力总数 5469 人,外出务工劳动力 2136 人,其中,常年外出务工劳动力 2002 人。

　　2017 年全镇总收入 207 万元,其中,补助收入 104.3 万元,其他收入 69.7 万元,经营收入仅 4.3 万元。总支出 190.9 万元,主要是管理费用,为 105.4 万元,其他支出 84.6 万元。[①]

---

① 资料来源:桐峪镇 2017 年年报。

全镇集体所有的农用地总面积 22.35 万亩，其中，耕地面积 1.3 万亩，其他（四荒地）面积 14.78 万亩。主要粮食作物有玉米、谷子，主要经济作物有油葵、中药材、蔬菜等。经营耕地面积在 10~30 亩的农户有 94 户，农民专业合作社 80 个，其中，有 6 个被农业主管部门认定为示范社。根据从事行业划分，合作社中有 27 个从事种植业、24 个从事林业、18 个从事牧业，"其他"类有 10 个。合作社覆盖 1729 户农户，其中，建档立卡贫困户 483 户。

全镇有一所九年一贯制学校，一所幼儿园。有一个中心卫生院，医务人员 13 人，床位 12 个，2016 年全年入院诊疗 15500 余次。全镇有 16 个村级卫生室，即每个行政村有一个卫生室。

桐峪镇境内矿产资源、旅游资源比较丰富。矿产资源主要有铁矿、铬铁矿、磷矿等，2016 年底，铁矿累计查明

图 2-1　桐峪镇所在街道大门

说明：本书照片，除特殊标注，均为郭建宇拍摄，拍摄时间 2016 年 11 月。

资源储量 1010.15 万吨，保有资源储量 833.8 万吨；铬铁矿累计查明资源储量 5.4 万吨，属贫矿；磷矿矿石中伴有钛铁矿、磁铁矿，磷灰石远景资源储量近 98.7 万吨、钛铁矿 12.6 万吨、磁铁矿 40.6 万吨。此外，尚有石英石、云母等矿藏资源可供开采。境内旅游资源比较丰富，红色旅游业主要有桐峪晋冀鲁豫临时参议会旧址、129 师司令部政治部旧址、野战政治部旧址等。农业生态观光旅游主要位于小荫沟自然村的莲花岩生态庄园。

2016 年，桐峪镇 16 个行政村中，桐滩、隘口、白家庄等 8 个行政村是贫困村，精准识别出 1661 户贫困户，贫困人口 4339 人，其中，低保户 64 户 145 人，残疾人贫困户 127 户 374 人（见表 2-1）。

截至 2017 年年中，全镇已脱贫 728 户 2025 人，其中，2014 年脱贫 32 户 111 人，2015 年脱贫 243 户 681 人，2016 年脱贫 421 户 1174 人。隘口、上武两个村实现整村脱贫摘帽。但因 2015 年、2016 年进行"回头看"，建档立卡农户有所变化，到 2017 年年中，全镇建档立卡未脱贫贫困户 1241 户 3168 人。

表 2-1　桐峪镇贫困情况（2016 年）

项目	贫困户数（户）	贫困人口（人）	低保户数（户）	低保人口（人）	残疾户（户）	残疾人数（人）
桐峪镇	1661	4339	64	145	127	374
桐滩村	744	1342	20	42	39	113
桐滩村占比（%）	44.8	30.9	31.2	28.9	30.7	30.2

资料来源：桐峪镇政府。

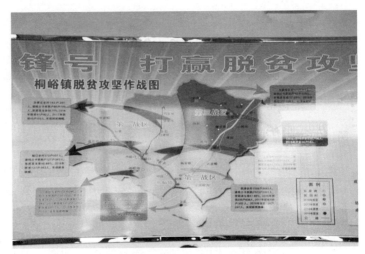

图 2-2　桐峪镇脱贫攻坚作战图

第二节　桐滩村地理位置与历史沿革

2002 年 12 月，桐峪镇政府根据左权县政府移民并村的精神，将桐峪、滩里、杨家峧、石暴、申家峧、皇家庄、周家垴、墙头岭、小南峧、小荫沟，共 10 个自然村合并为一个行政村，并根据 2 个最大的自然村桐峪和滩里村名，命名为桐滩村。因此，桐滩村是一个只有 16 年历史的行政村，该村于 2003 年组建左权县第一个村级党委。

在随后几年中，墙头岭、小南峧、小荫沟 3 个规模较小且位置偏僻、交通不便的自然村，因农户全部易地搬迁出村，于 2015 年后不再列入统计中。村里的耕地则随农户户籍变更分别纳入桐峪和滩里村，因此，桐滩村现在是一个由 7 个自然村组成的行政村，分别是桐峪、滩里、杨家峧、石暴、申家峧、皇家庄、周家垴。桐峪村是镇政府所在地。

桐滩村所辖的 7 个自然村中，桐峪和滩里两村因原来的村界——一条小水沟——被填平，在地理上已经融为一个村，但是，在村委会设置、财务等方面依然是两个独立的自然村。其他 5 个自然村距离镇政府远近不一。从镇政府出发沿着 207 国道往西北县城方向约 10 公里是石暴村，约 13 公里是申家峧村。从镇政府出发，经 207 国道边的隘口村，顺着乡间水泥路往东北方向约 10 公里是皇家庄村，继续前行 2 公里是周家垴村。即使离镇政府最近的一个自然村杨家峧也在 3 里地外。因此，虽然桐滩村是一个行政村，但由于各自然村分布较散且距离主村较远，各个自然都有本村的委员会，且村中主要事务均按原自然村来布置安排、实施、统计。

桐峪村[①]坐落在左权县城东南 35 公里处，207 国道依村而过，西边接壤长治的黎城县，南达河北邯郸涉县，北进县城，山西高速路网的三纵之东纵"天黎高速"桐峪出口位于桐峪村口南 500 米，虽四面群山环绕，但交通十分便利。

桐峪村立村古老，历史悠久，是一个村镇合一、耕读合一、农商合一的千年古镇。[②] 历史上，从滩里村向南

---

① 由于桐滩村是依托桐峪、滩里两村合并形成的行政村，而桐峪与滩里在历史上也是分分合合，因资料所限，本文在此简要介绍桐峪村的概况。

② 据《桐峪村志》，2008 年 8 月（《桐峪村志》是由桐峪村编辑印刷的非正式出版物，主要记录民情村俗、乡村文化、桐峪知名人士以及部分在外工作的桐峪人的回忆文章）。

往桐峪村走，整条街上店铺林立，是左权县三大古镇之一（另外两个是芹泉镇、拐儿镇）。抗日战争时期，八路军129师司令部曾在本村驻扎办公，朱德、彭德怀、左权、刘伯承、邓小平、罗瑞卿等老一辈无产阶级革命家曾在这里生活和战斗长达四年之久。

第三节　桐滩村人口与耕地面积

2016年，桐滩村共有1342户3268人（户均2.43人），按户籍统计各村人口分布见表2-2。其中，纯农户871户，占比64.9%；农业兼业户361户，占比26.9%；非农业兼业户51户，占比3.8%；非农户59户，占比4.4%（见表2-3）。纯农户与农业兼业户占比达91.8%，桐滩村绝大多数农户主要从事农业生产。

表2-2　桐滩村各自然村人口数量、耕地面积

自然村	户数（户）	人口（人）	劳动力数（人）	耕地面积（亩）
桐滩	1342	3268	1480	2678
桐峪	663	1558	730	878
滩里	399	1024	395	783
申家峧	62	145	75	214
石暴	60	132	65	81
周家垴	36	75	37	130
皇家庄	41	104	43	259
杨家峧	81	230	135	332

资料来源：左权县桐滩村2016年年报。

表 2-3　桐滩村农户分类情况

单位：户，%

分类	数量	比例
农户总数	1342	100
纯农户	871	64.9
农业兼业户	361	26.9
非农业兼业户	51	3.8
非农户	59	4.4

资料来源：左权县桐滩村 2016 年年报。

2016 年，桐滩村劳动力总数 1480 人，占全村总人口 45.3%，劳动力不足总人口的一半，这也反映出农村人口结构特点。其中，从事家庭经营的有 712 人，占劳动力总数 48%；外出务工劳动力 534 人，占劳动力总数 36%，外出务工比例并不高。从事家庭经营者中有 50% 的劳动力从事第一产业，即农业生产。外出务工劳动力中，82% 的人是常年在外务工，其中，多数在本县范围内务工，比例为 65%；只有 11% 的劳动力到省外务工，这表明，本地劳动力打工范围以县域为主，不愿意出省打工，这既与本地乡土观念有关，也与缺乏技术有关（见表 2-4）。

表 2-4　桐滩村劳动力总数及务工情况

单位：人，%

指标名称	数量	比例
劳动力总数	1480	100
从事家庭经营	712	48
从事第一产业	356	—
外出务工劳动力	534	36
常年外出务工劳动力	439	—
乡外县内	287	—
县外省内	105	—
省外	47	—

资料来源：左权县桐滩村 2016 年年报。

桐滩村集体所有农用地总面积 8.56 万亩，其中，林地面积 2.1 万亩，耕地面积 2678 亩，其他 6.1 万亩。耕地仅占集体所有农用地的 3%，全部归所在自然村所有。全村耕地由 900 户农户承包，户均不足 3 亩。农户经营耕地规模在 10 亩以上的农户数仅有 7 户。

2016 年，桐滩村承包耕地流转总面积 1273 亩，流转方式主要是转包和出租，转包面积 873 亩，占流转面积的比例为 68.6%，出租面积 400 亩，占比 31.4%，并主要是出租给本乡镇的人。流转出承包耕地的农户数 270 户，该村没有以土地入股合作社的现象（见表 2-5）。

家庭承包耕地流转去向主要有三种，流转入农户、流转入专业合作社和流转入企业，其中，流转入农户的有 848 亩，占比 66.7%，流转入专业合作社的有 300 亩，占比 23.6%，流转入企业的有 125 亩，占比 9.8%。从流转土地用途来看，用于种植粮食作物的面积是 0。

表 2-5　桐滩村家庭承包耕地流转情况

指标名称	数量
家庭承包耕地流转总面积（亩）	1273
转包	873
转让	0
互换	0
出租	400
出租给本乡镇以外人口或单位的	0
股份合作	0
耕地入股合作社的面积	0
家庭承包耕地流转去向（亩）	1273
流转入农户的面积	848

指标名称	数量
流转入专业合作社的面积	300
流转入企业的面积	125
流转入其他主体的面积	0
流转用于种植粮食作物的面积（亩）	0
流转出承包耕地的农户数（户）	270
签订耕地流转合同份数（份）	270
签订流转合同的耕地流转面积（亩）	153

资料来源：左权县桐滩村 2016 年年报。

第四节　桐滩村经济发展情况

桐滩村 2015 年有 1 个种植业家庭农场，[①] 经营土地面积 55 亩，其中，家庭承包耕地 3 亩，其他 52 亩。家庭农场的劳动力 4 个，其中家庭成员劳动力 3 个，常年雇工劳动力 1 个。

全村有 12 个农民专业合作社，合作社成员数 201 户，都是普通农户，合作社带动非成员农户 1543 户。

这 12 个专业合作社按照从事行业划分，种植业类有 1 个；林业类有 7 个；畜牧业有 3 个，全部是生猪养殖产业。专业合作社的牵头人都是农民。从经营服务内容来划分，

---

① 桐滩村 2016 年的年报数据中相关指标全部是 0，所以本节数据引用 2015 年年报数据进行简要分析。

有 10 个是产加销一体化服务型，还有 1 个是以加工服务为主。合作社均没有采取土地股份合作的方式，也没有开展内部信用合作的方式。

农民专业合作社统一组织销售农产品总值 58.46 万元，有 10 个合作社统一销售农产品达 80% 以上，共培训成员 160 人次。合作社经营收入共计 963.45 万元，盈余 100.12 万元（见表 2-6）。

表 2-6　桐滩村农民专业合作社经营服务情况

指标名称	数量
农民专业合作社经营服务情况	
统一组织销售农产品总值（万元）	58.46
统一销售农产品达 80% 以上的合作社（个）	10
统一组织购买农业生产投入品总值	0
统一购买比例达 80% 以上的	0
培训成员数（人次）	160
实施标准化生产的合作社数（个）	0
拥有注册商标的合作社数（个）	0
通过农产品质量认证的合作社数（个）	0
创办加工实体的合作社数（个）	0
农民专业合作社盈余及其分配情况	
合作社经营收入（万元）	963.45
农民专业合作社上缴的税金总额（万元）	1
农民专业合作社盈余（万元）	100.12
可分配盈余（万元）	100.12
按交易量返还成员总额	0
股分红总额	0
可分配盈余按交易量返还成员的合作社（个）	1
60% 以上	1
提留公积金、公益金及风险金的合作社（个）	0

资料来源：左权县桐滩村 2015 年年报。

桐滩村 2015 年总收入 81.44 万元，其中，发包及上交收入 30.88 万元，补助收入 30.23 万元，其他收入 18.77 万元，来自经营收入的只有 1.56 万元，村集体经营收入微薄。总支出 82.19 万元，支出主要内容是管理费用，达 39.23 万元，其他支出达 42.36 万元。支出大于收入，本年收益为 –7450 元。年初未分配收益 –28.31 万元，因此，年末未分配收益是 –29.06 万元（见表 2-7）。

表 2-7　桐滩村集体经济组织收益分配统计

单位：万元

指标名称	数量
总收入	81.44
经营收入	1.56
发包及上交收入	30.88
投资收益	0
补助收入	30.23
其他收入	18.77
总支出	82.19
经营支出	0.60
管理费用	39.23
干部报酬	13.25
报刊费	1.35
其他支出	42.36
本年收益	–0.74
年初未分配收益	–28.31
其他转入	0
可分配收益	–29.06
年末未分配收益	–29.06

资料来源：左权县桐滩村 2015 年年报。

桐滩村资产总计 1972.21 万元，其中，流动资产 1022.26 万元，农业资产 1.46 万元，长期资产 948.49 万元。流动负债 998.05 万元，长期负债 65.99 万元，所有者权益合计 908.16 万元。

　　流动资产中货币资金 712.7 万元，应收款项 294.6 万元；长期资产中固定资产 947.98 万元（见表 2-8）。

表 2-8　桐滩村集体经济组织资产负债情况统计

单位：万元

指标名称	数量
流动资产合计	1022.26
货币资金	712.70
短期投资	6.68
应收款项	294.60
存货	8.27
农业资产合计	1.46
牲畜（禽）资产	0.93
林木资产	0.53
长期资产合计	948.49
长期投资	0.50
固定资产合计	947.98
当年新购建的	0
固定资产原值	760.84
减：累计折旧	5
固定资产净值	755.84
固定资产清理	−16.76
在建工程	208.90
其他资产	0
资产总计	1972.21
流动负债合计	998.05
短期借款	0.8
应付款项	1005.82
应付工资	1.49
应付福利费	−10.06
长期负债合计	65.99
长期借款及应付款	57.14
一事一议资金	8.85
所有者权益合计	908.16
资本	105.24
公积公益金	865.91
未分配收益	−62.98
负债及所有者权益合计	1972.21

专栏 桐峪学校

2017 年 4 月 20 日上午，我们调研小组在没有当地任何人陪同的情况下，走进桐峪镇政府斜对面由迟浩田将军题写的"左权县将军希望学校"大门。门房师傅非常负责，说现在是考试时间，不让外人进去，这时碰巧有位男老师在教学楼门口看见了我们，并走过来。在自我介绍并表明来意后，这位老师热情地将我们带进他的办公室，原来他是这个学校的副校长兼教导处主任赵老师。赵老师耐心而细致地向我们介绍了桐峪学校的一些基本情况。

2017 年 10 月 27 日下午，我们调研小组再次走进桐峪

图 2-3 桐峪学校校门

学校，在年轻的特岗 ① 转正教师小贾老师办公室，我们又进一步了解了学校的最新情况。

1. 桐峪学校基本情况

位于桐峪镇桐峪村的"左权县将军希望学校"，当地人称桐峪学校，其前身是始建于1957年的桐峪中学，2010年10月桐峪中学与桐峪中心学校整合成一所九年一贯制学校。学校占地约20亩，包括一栋二层教学楼、一栋二层综合楼、一栋二层宿舍楼，以及一栋新盖的三层教师周转房（"改薄工程"，即改革薄弱环节工程，哪个环节薄弱改哪个，对于桐峪学校来说，薄弱环节是没有足够的教工宿舍）。

图2-4　桐峪学校的二层教学楼

---

① 特岗教师政策是中央实施的一项对中西部地区农村义务教育的特殊政策，通过公开招聘高校毕业生到农村学校任教，创新农村学校教师的补充机制，逐步解决农村学校师资总量不足和结构不合理等问题，提高农村教师队伍的整体素质，促进城乡教育均衡发展。

桐峪学校现包括四所学校和一个教学点，即桐峪学校本部、下武小学、苇泽中心小学、南冶小学和隘口教学点。截至 2017 年 9 月，全校有教职工 75 人（包括劳务派遣教师及特岗教师），在校学生 693 人，其中初中生 113 人，小学生 376 人，幼儿 204 人。初中部仅在桐峪本部，设五个教学班，初二 1 个班 31 人，初一、初三各 2 个班，初一每个班 18 人，初三班人数略多，每个班 23 人。小学和幼儿分布在四个学校，其中，下武小学最小，只有一至三年级，在校生 31 人，幼儿园两个班 20 人；南冶小学有一到六年级，在校生 49 人，幼儿园两个班 19 人；苇泽中心小学设有一到六年级，在校生 73 人，幼儿三个班 74 人；桐峪校本部小学有六个年级 11 个班，在校生 223 人，幼儿三个班共 91 人。桐峪学校本部、苇泽中心小学和南冶小学都是寄宿制学校（见表 2-9）。

表 2-9　桐峪学校班级数分布情况（2017 年 9 月）

单位：个，人

学校	一年级	二年级	三年级	四年级	五年级	六年级	总人数
下武	1	1	1	—	—	—	31
南冶	1	1	1	1	1	1	49
苇泽	1	1	1	1	1	1	73
桐峪	1	2	2	2	2	2	223

桐峪学校本部宿舍共有 208 个床位，现有住校生 100 多人，包括小学三年级到初中三年级各班学生。学校宿舍配有床垫，学生自带被褥和生活必备品，免交住宿费，饭费小学生大约一个月 120 元（1 天 5.5 元），初中生约 140

元（一天6.5元）。住校生还有实物营养餐补助，包括牛奶、鸡蛋、水果，由统一配送公司定时送到。学校为住宿学生配备1名生活老师，生活老师占教师编制，有教师证，但不授课，主要负责照顾学生起居、饮食，尤其是低年级的小学生。

图2-5　桐峪学校宿舍楼

桐峪学校学生所享受到的义务教育"两免一补"政策，具体包括：贫困户子女住校享受贫困补助，小学生一年可获得1000元补贴，初中生一年获得1250元补贴，住校补贴直接转到家长的银行卡上。据赵老师说，之前的住宿补贴是由学校来实施，即学校按照30%的比例评选出贫困学生后发放补贴，但自从实行精准扶贫后，只要是贫困户就能享受贫困补助，没有比例的限制，但也出现另外一种情况，即有的村子里的非贫困户比别村的贫困户条件还差，因不是建档立卡贫困户，就无法得到相应的补贴。

2017 年秋季数据统计，桐峪学校师生比约 1:9，75 名教师中约 50% 为全日制本科学历，其余教师为师范类专科毕业后经继续教育获得本科学历（评职称要求本科学历，所以大部分教师都通过后续教育提高了学历层次）；教师年龄在 40 岁以上的有 15 人，占 20%；全校仅有 16 名男教师，教师性别结构不太合理，其中年龄在 35 岁以下的年轻教师只有 5 名。

2. 学校教学硬件设施

桐峪学校本部共有 4 栋小楼，从校门进去左手边是二层教学楼，有 16 个教室，1 个小会议室，还有 4 间教师宿舍。与教学楼相对，在校园南边的是 1 栋二层综合楼，包含 2 个教学实验室、1 个图书室，其余为教师宿舍；东面还有一栋二层楼（没有名字），包含 1 个计算机室、1 个教师电子备课室、1 个大会议室。

学校教室多媒体设备和教学用具配备齐全，16 个教室均配备多媒体设施，体育器材有足球、排球、篮球等，音乐教学设备有钢琴、电子琴和鼓。

3. 学校教学质量

赵老师说从升学率角度看，桐峪学校质量不太好，一方面是生源问题。目前，小学一年级每年能招 100 多人，但到了初一就只有 30 多人，不超过 40 人，有条件的家庭基本上送孩子到县城读中学，所以初中的生源数量和质量都很难提高。留在这里上初中的学生，有的是基础特别差，有的是纪律特别差，勉强学到初中毕业。

另一方面是师资力量比较弱。一是数量少。国家规定教师编制数量是由学生人数来决定的，但是农村中小学最大特点是，学校数量多、在校学生数量少且分布在不同年级，如果简单根据学生数量来配置教师数量，似乎是可以的，实际情况却是，这少数教师要承担好几个年级的多门课程，比如下武、南冶的小学，老师是"包班"，即一个老师一个班，从早到晚各科都上，就会出现要么有些课程被牺牲，如音乐、美术等课程，要么教学质量难保证，因为没有哪个老师能达到全科都行的水平。目前，全校只有一个体育专职老师，小学体育课，主要以玩耍为主，初中体育课内容以应试为主，即中考要求的体育项目：跳绳、跑步、立定跳远。音乐专职老师只有一个，本来编制内还有两个音乐老师，但文化课老师不够，都去上文化课了，先保证文化课。美术老师没有专职教师，由其他老师兼任。二是教师老龄化比较突出。16名男教师，大部分都在50岁以上，女教师平均年龄也比较大。有的老教师虽然编制在，但已经很难上台讲课了。年轻新教师补充不进来，整个左权县的中小学校都存在这个问题（下武小学有三个年级，总人数仅31人；南冶小学六个年级共49人，还不及县城学校一个班的人数。从生师比的角度来说，学校不会有足够的教师编制）。

4. 乡村学校面临的问题

首先，师资缺乏。山西某学院之前每年都有实习生来桐峪学校实习，补充师资不足的问题，但实习生在学校最多待一个学期，家长不愿意让孩子频繁换老师。另外，实习生缺乏教学技巧、教学经验，学校也不太愿意用实习生，所以这个学期就不要实习生了，直接请代教，既稳定又方便管理。原来还有一种渠道是通过教师流动来解决，因为教育局对教师晋升职称有基层交流两三年的硬性要求，县城里教师交流到农村，但来到乡村学校的工作状态不一样，都想着熬够时间赶紧走。所以，在实际中，通过实习生、志愿者支教，甚至教师交流来缓解农村师资缺乏问题也并不是一个好办法。

为了解决师资缺乏问题，学校不得不聘请代教。目前，桐峪学校聘用 9 名代教，要求至少是专科毕业，代教工资每个月在 1000~2000 元，这笔钱学校自己想办法解决。2017 年教育部出了新政策，对愿意来乡镇当代教的老师，每月补助 800 元，希望这个政策能改善乡镇学校师资不足的现状。

乡村教师每个月比城里教师多 600 元左右，基本够从县城到乡镇来回跑的路费。劳务派遣教师的工资一个月不到 2000 元，特岗老师的工资比非特岗教师的工资稍微高点。本校目前还有 12 个特岗老师，特岗老师试用期 3 年，试用期满入编制后，这些特岗老师大部分会离开农村，如果待在这里找对象都很难。

小贾老师说他就是参加 2013 年特岗教师考试选拔进来的，2016 年转为正式编制，现在每个月到手工资 3400元。2010~2014 年连续 5 年招聘特岗教师，贾老师说当时桐峪镇和他一起进来的还有 4 名特岗老师，留下来的仅有一两个，国家为了避免特岗教师的流失，后来不让特岗教师报考公务员。

其次，教学质量与生源流失形成恶性循环。乡村学校教学质量低于县城，导致生源流失，特别是初中生生源流失严重，生源的流失又反过来影响升学率，两者形成恶性循环。因为九年一贯制学校是义务教育，所以教学内容、教学方式还是以应试教育为目标。初中毕业生考不进普通高中的，可以上职业高中，左权县目前有两所职业高中。

第三章

桐滩村贫困状况及致贫原因

第一节　桐滩村贫困状况

　　2014年桐滩村建档立卡贫困户841户，贫困人口2216人。

　　2015年"回头看"时，出列144户388人，因死亡销户、整户迁出、不符合标准删除等原因减少32户89人，新增59户102人，因此，2015年的建档立卡贫困户724户，贫困人口1841人。

　　2016年，桐滩村总户数1342户，建档立卡贫困户744户，按照户数计算的贫困发生率高达55.4%（见表3-1）。7个自然村的贫困发生率不等，贫困发生率最高的是滩里村，高达69.4%，即全村有2/3以上的农户是贫困户。贫困发生率最低的是桐峪村，为 46.9%。桐滩村总人口是 3268 人，贫困人口 1874 人，根据人口计算的贫困发生率为 57.3%，高出按户计算的贫困发生率约 2 个百分点。同样，7 个自然村按人口计算的贫困发生率有较大差异，最高的是滩里和皇家庄，达 70% 以上，最低的是桐峪村，为 48.2%。

从自然村的对比来看，根据户数、人口计算的两个贫困发生率，除了周家垴村外，其余 6 个村都是人口贫困率略高于户贫困率，表明这几个村子的贫困户家庭平均人口数稍大于非贫困户家庭平均人口数（见表 3-1）。

表 3-1　桐滩村贫困发生率

自然村	总户数（户）	贫困户数（户）	按户数计算贫困率（%）	总人口（人）	贫困人口（人）	按人口计算贫困率（%）	低保贫困户（户）	低保人数（人）
桐　峪	663	311	46.9	1558	751	48.2	4	9
滩　里	399	277	69.4	1024	721	70.4	7	15
杨家峧	81	44	54.3	230	128	55.7	3	5
申家峧	62	34	54.8	145	83	57.2	3	7
石　暴	60	30	50.0	132	81	61.4	2	5
皇家庄	41	27	65.9	104	73	70.2	—	—
周家垴	36	21	58.3	75	37	49.3	1	1
合　计	1342	744	55.4	3268	1874	57.3	20	42

资料来源：桐峪镇 2016 年统计报表。

桐滩村致贫原因主要有：①农业资源缺乏。与全县地形特征类似，桐滩村也是山大沟深，石多土少，农业地理条件差。户均耕地不足 3 亩，人多地少，且主要是山地，分布零散，很难进行规模种植，直接制约种植业发展。

②产业单一。全村以农业种植为主，没有第二产业，第三产业主要是为满足村民日常生活需求的小饭馆、日杂商店等小规模传统服务业。③劳动力技能较低。就业机会、就业层次不高，主要以在乡镇附近打零工为主。

第二节　桐滩村农户致贫原因分析

一　农户样本分布

课题组本次入户调研是按自然村分开进行的，调研样本户总数 88 户，其中，贫困户 48 户，非贫困户 40 户，每个自然村样本户分布如表 3-1 和表 3-2 所示。从整个行政村看，贫困户样本数量所占比例总体为 6.5%，桐峪、滩里两个自然村的抽样比例低于平均值，但抽取的样本户占样本总数的比例分别是 27%、25%，远高于其他 5 个村子的样本户占比。非贫困户样本数量所占比例总体为 6.7%，桐峪村的抽样比例较低，但抽取的样本户占样本总数比例是 32.5%，远高于其他 6 个自然村的样本户占比。申家峧村没有非贫困样本户，由于打工、孩子上学等原因，许多农户都常年在外，留在村里的多是老年人或不能外出打工的人。

表 3-2　桐滩村贫困户样本分布

自然村	贫困户数（户）	贫困样本户数（户）	按户计算抽样比例（%）	占样本户比例（%）	贫困人口总数（人）	贫困样本人口数（人）	按人口计算抽样比例（%）
桐　峪	311	13	4.2	27.0	751	41	5.5
滩　里	277	12	4.3	25.0	721	37	5.1
杨家峧	44	5	11.4	10.4	128	11	8.6
申家峧	34	6	17.6	12.5	83	19	22.9
石　暴	30	5	16.7	10.4	81	14	17.3
皇家庄	27	4	14.8	8.3	73	11	15.1
周家垴	21	3	14.3	6.2	37	6	16.2
合　计	744	48	6.5	100	1874	139	7.4

资料来源：桐峪镇 2016 年统计报表。

表 3-3　桐滩村非贫困户样本分布

自然村	非贫困户数（户）	非贫困样本户数（户）	按户计算抽样比例（%）	占样本户比例（%）	非贫困人口数（人）	非贫困样本人口数（人）	按人口计算抽样比例（%）
桐　峪	352	13	3.7	32.5	807	36	4.5
滩　里	122	12	9.8	30.0	303	37	12.2
杨家峧	37	5	13.5	12.5	102	16	15.7
申家峧	28	0	0	0	62	0	0
石　暴	30	5	16.7	12.5	51	13	25.5
皇家庄	14	2	14.3	5.0	31	9	29.0
周家垴	15	3	20.0	7.5	38	9	23.7
合　计	598	40	6.7	100	1384	120	8.7

资料来源：桐峪镇 2016 年统计报表。

二　农户家庭基本情况

1. 户主基本特征

贫困户调研样本总量 48 户，其中，男性户主所占比例约 80%（38 户），女性户主所占比例为 20.8%（10 户）。非贫困户调研样本总量 40 户，其中，男性户主所占比例 82.5%（33 户），女性户主所占比例为 17.5%（7 户）。

根据户主年龄统计，50 岁及以上的贫困户所占比例高达 68.7%，其中，60 岁及以上的比例为 45.8%。非贫困户组中，户主年龄在 50 岁及以上的农户比例为 70%，其中，年龄在 60 岁及以上的比例为 42.5%（见表 3-4）。

这表明，一是农村常住户主要是 50 岁及以上的人，二是贫困与年龄有明显正向关系。

表 3-4　桐滩村样本户户主年龄分布

单位：户，%

项目	70 岁及以上	60~69 岁	50~59 岁	40~49 岁	30~39 岁	30 岁以下
贫困户	5	17	11	9	5	1
比例	10.4	35.4	22.9	18.7	10.4	2.0
非贫困户	5	12	11	10	2	0
比例	12.5	30.0	27.5	25.0	5.0	0

资料来源：精准扶贫精准脱贫百村调研桐滩村调研。

说明：本书统计表格，除特殊标注外，均来自桐滩村调研。

从户主文化程度来看，贫困户组中，户主是"文盲""小学"的比例为 56.2%，只有 43.7% 的户主是"初中文化程度"，受教育程度普遍偏低。非贫困户组中，户主"文盲"比例明显低于贫困户组，"高中文化程度"比例明显高于贫困户组，小学、初中文化程度的户主比例与贫困户组相当（见表 3-5）。

表3-5　桐滩村样本户户主文化程度

单位：户，%

项目	文盲	小学	初中	高中
贫困户	6	21	21	0
比例	12.5	43.7	43.7	0
非贫困户	3	20	15	2
比例	7.5	50.0	37.5	5.0

2. 户主婚姻状况与社会身份

从户主婚姻状况看，贫困户组中，已婚的占比64.6%，离异和丧偶的占25%，还有10.4%的虽是适婚年龄，但仍未婚。非贫困户组中，92.5%的户主已婚，没有适龄未婚和离异情况（见表3-6）。

贫困户的婚姻状况总体比非贫困户要差，婚姻与贫困高度相关。我们在调研中未发现有因婚致贫的，但发现有因贫不婚或者是因贫离异情况。

表3-6　桐滩村样本户户主婚姻状况

单位：户，%

项目	已婚	未婚	离异	丧偶
贫困户	31	5	2	10
比例	64.6	10.4	4.2	20.8
非贫困户	37	0	0	3
比例	92.5	0	0	7.5

从户主社会身份看，贫困户组中，户主是"普通农民"的占83.3%，是"村干部"的占10.4%，没有"教师医生""离退休职工"。贫困户家庭成员的社会身份和户主

接近或低于户主，也就是说，户主的社会身份在家庭中是最高的。

非贫困户组中，户主是教师医生、离退休职工占12.5%，明显高于贫困户组，"村干部"比例低于贫困户组（见表3-7）。换言之，贫困户组中户主是村干部的比例高于非贫困户组，这种现象可能是因为现在当村干部的积极性有所下降，村干部的经济状况确实不太好。但也可能是村干部在农户识别时，将"贫困户"作为一种资源留给了自己。非贫困户家庭成员的社会身份也与户主接近。

表3-7　桐滩村样本户户主社会身份

单位：户，%

项目	普通农民	村民代表	村干部	教师医生	离退休职工
贫困户	40	3	5	0	0
比例	83.3	6.2	10.4	0	0
非贫困户	29	4	2	4	1
比例	72.5	10.0	5.0	10.0	2.5

3. 家庭人口

贫困户组中，家庭规模为2~4口人的农户比例达72.8%，还有18.7%的家庭只有1人。非贫困户组中，家庭规模为2~4口人的农户比例达75%（见表3-8）。贫困户、非贫困户家庭人口差别不大，表明：其一，农村家庭规模逐渐缩小，核心家庭成为主要模式。其二，目前因家庭人口多而贫穷的现象几乎不存在。

表 3-8 桐滩村样本户家庭成员数量

单位：户，%

项目	6 人	5 人	4 人	3 人	2 人	1 人
贫困户	0	4	16	8	11	9
比例	0	8.3	33.3	16.6	22.9	18.7
非贫困户	2	3	11	6	13	5
比例	5.0	7.5	27.5	15.0	32.5	12.5

三　贫困户致贫原因分析

桐滩村贫困户主要的致贫原因如下。

第一个原因是疾病，29.2% 的贫困户样本因病导致医疗支出增大及收入减少。农户抽样调查分析发现，贫困户组中，户主患大病、残疾的农户比例合计 23%，而非贫困户组该比例为 2.5%。

第二个原因是缺劳力，25% 的贫困户是缺乏劳力所致。劳动力不足的贫困户，主要特征是户主年龄偏大，户主年龄超过 60 岁的农户比例，贫困户组为 45%，非贫困户组为 42%。家庭中没有劳动力的农户比例，贫困户组为 16.7%，非贫困户为 7.5%。缺劳力农户比例高的原因，主要是由分户形成的，与子女分户的老年户比较多，自然就表现出缺劳力的特点。

第三个主要致贫原因是残疾，占比 14.6%，这里的残疾，既包括先天残疾，也包括后天事故导致；既包括身体残疾，也包括精神残疾。

自身发展动力不足是第四个致贫原因，有 10.4% 的农户认为是因为自己没有发展动力才导致贫困状态的，这些农户可能是对自己没有信心，也可能是不愿意受苦受累，还可能是习惯了这种生活。在入户调研时，我们就遇到过一个中年男子，他就缺乏改变生活的动力和激情，甘心一个人在偏僻小山村中生活。

桐滩村贫困户中，因学、因婚、缺技术、缺资金等致贫因素所占比例不高，不是主要的致贫因素（见表3-9）。

表3-9　桐滩村样本贫困户主要致贫原因（单选）

单位：户，%

项目	因病	因残	因学	因婚	因灾	自身发展动力
户数	14	7	2	2	1	5
比例	29.2	14.6	4.2	4.2	2.1	10.4

项目	缺劳力	缺土地	缺资金	缺技术	缺水	交通条件落后
户数	12	1	2	2	0	0
比例	25.0	2.1	4.2	4.2	0	0

桐滩村贫困户除了主要致贫原因之外，是否还有其他致贫原因？排在前三个的分别是缺劳力、因病、缺技术，29.2%的贫困户选择缺劳力，各有20.8%的贫困户选择因病、缺技术。还有农户选择的是缺资金、自身发展动力不足（见表3-10）。

贫困户致贫原因有的是单一的，如缺技术、自身发展动力不足。但有一半以上的农户致贫原因是多元的，如因病致贫，一般情况下就会导致缺劳力，因残致贫也同时意味着缺劳力；因缺劳力而致贫的，同时也可能是缺技术、缺资金。

桐滩村的农户抽样调查结果，既与当前农村主要致贫原因基本一致，也与当地干部群众说法吻合。大多数基层干部与村民都说，现在的贫困户主要是家里有老弱病残的，如果身体健康，除非奸懒馋滑，否则都不会是贫困户。从这个角度来说，经过多年的扶贫开发后，精准扶贫中最主要的扶贫对象是需要通过社会保障来兜底的最弱势的那部分群体。

表 3-10　桐滩村样本贫困户其他致贫原因（多选）

单位：户，%

项目	因病	因残	因学	因婚	因灾	自身发展动力
户数	10	4	1	3	0	6
比例	20.8	8.3	2.1	6.2	0	12.5
项目	缺劳力	缺土地	缺资金	缺技术	缺水	交通条件落后
户数	14	0	6	10	0	1
比例	29.2	0	12.5	20.8	0	2.1

第四章

桐滩村产业扶贫政策实践

第一节　左权县产业扶贫政策概述

左权县产业扶贫政策主要包括发展特色农业产业和推进光伏扶贫、旅游扶贫、电商扶贫等。

一　特色农业产业

左权县立足本地资源禀赋与种植传统，重点发展核桃、杂粮、设施蔬菜、中药材、畜牧养殖五大特色农业产业，截止到 2017 年 10 月，五大特色产业取得以下成效。[①]

---

① 本节资料来源：左权县扶贫办 2017 年工作总结。

1. 核桃

全县主产区 7 个乡镇核桃种植面积 34 万亩，产量达 1200 万公斤，产值 2.4 亿元，主产区 2 万多个贫困人口人均核桃树达 2 亩以上，仅核桃收入一项将为贫困人口增收 2000 多元。

2. 杂粮

全县杂粮种植发展到 7.8 万亩，在辽阳、寒王、石匣、龙泉 4 个乡镇打造杂粮新品种新技术试验示范区。新发展以辽州黄谷子、藜麦、渗水地膜覆盖穴播谷子、富硒功能农产品为主的杂粮 1.8 万亩，预计可带动全县 4 个乡镇 56 个村 1900 多户 5000 余个贫困人口，人均增收 400 元。

3. 设施蔬菜

全县设施蔬菜总面积达 1.19 万亩，芹泉镇小南庄片区设施蔬菜已申报部级标准园。以芹泉镇、石匣乡设施拱棚，麻田镇节水莲菜，辽阳镇、石匣乡食用菌等集中打造设施蔬菜示范片区 2000 亩，可以带动全县 8 个乡镇 18 个村 450 户 1560 个贫困人口人均增收 2000 元。

4. 中药材

鼓励大户集中连片种植，吸纳建档立卡贫困户参与，以龙泉佛口万亩中药材市级示范基地、羊角万亩连翘种植基地为重点，新发展以连翘、柴胡、板蓝根、党参、黄芩为主的中药材 3.5 万亩，其中，农委实施中药材种植基地 1.5 万亩、林业部门实施荒山植被造林中药材种植项目 1 万亩、水利部门实施小流域治理中药材种植项目 1 万亩，涉及全县 10 个乡镇 30 个村，带动 900 多户 2000 余个贫困人口，预计人均可增收 270 元。

5. 畜牧养殖

重点实施牛羊家庭养殖、猪鸡养殖、畜禽工厂化养殖、粮改饲、良种普及等五大工程，截止到 2017 年 10 月底，新增养殖总量 8.8 多头（只），带动脱贫人口 1755 人，预计人均增收 300 元。

二 新兴产业扶贫

1. 光伏扶贫

全县 35 个村级光伏扶贫电站全部并网发电，共带动 700 个贫困户脱贫。到 2017 年 8 月末，建成农户屋顶户用分布式光伏扶贫系统且已并网 1299 个，其中贫困户并网 1155 个，非贫困户并网 144 个。

2. 旅游扶贫

左权县在旅游扶贫中实施"五个一批"计划，即已有旅游企业就业安排脱贫一批，重点贫困村发展旅游产业脱贫一批，旅游技能培训与就业指导脱贫一批，重大旅游项目的开发建设带动脱贫一批，挖掘及推动左权文化发展脱贫一批。截至 2017 年 10 月，已有 270 户约 750 人通过旅游实现脱贫，人均增收 1000 余元。

3. 电商扶贫

2015 年商务部首次批准"电子商务进农村综合示范县"，山西省有 8 个县获批，左权县是其中之一，是晋中市唯一获批的示范县。

左权县出台的电商扶贫政策主要有：①对贫困村、建档立卡贫困户给予乡村服务网点建设培训、电商业务培训、网店销售渠道帮扶、一般性店铺免费装修等服务；②支持本地农户、建档立卡贫困户主动参与网络平台农产品销售，年网络销售额达3万元，按照派发物流单总量，每单奖励0.5元，最高奖励1000元；③支持相关培训机构开展农村电子商务人才培训，并按照培训层次、课程内容，为培训机构提供补贴，标准为每人每天150元。

2017年，左权县建成县级电子商务公共服务中心1个，举办电子商务普及教育培训18场，培训学员2400余人次，其中建档立卡贫困户600余人，从中选拔从事微商50余人，发展微商20户；电商"一麻袋"公司对麻田镇、拐儿镇等乡镇的5个村55户农户、671名贫困群众进行精准帮扶，预计每户可增收3000元。

除此之外，左权县还实施产业发展奖励措施：对生态庄园当年投资在50万元、100万元以上的，分别给予5万元、10万元奖励；对建档立卡贫困户连片发展核桃10亩以上的，每株补助20元，对面积达50~100亩、100~500亩的核桃示范园，分别补助1万元、2万元，等等。

第二节 桐滩村贫困户主要收入来源

一 收入来源

本次调研把农户收入来源划分为五类：工资性收入、农业经营纯收入、非农经营纯收入、财产性收入、转移性收入，其中，工资性收入主要是指务工收入；农业经营纯收入包括种、养、牧、渔等农业经营收入；转移性收入包括赡养收入、低保金收入、养老金、离退休金、报销医疗费用、礼金收入、补贴性收入（救济、农业及其他补贴）等。

贫困户样本中，52%的农户（25户）有工资性收入，将近一半的农户（23户）没有。79%的农户（38户）有农业经营纯收入，但有2户因2016年只有投入，尚未有产出，所以收入是负值，21%的农户（10户）没有该项收入，即这些农户脱离农业生产了。98%的农户没有非农经营纯收入，仅有2%（1户）的农户有此项收入。样本户都没有财产性收入，但所有样本户都有转移性收入。

非贫困户样本中，37.5%的农户（15户）有工资性收入，62.5%的农户没有。82.5%的农户（33户）有农业经营纯收入。32.5%的农户有非农经营纯收入。全部非贫困户都有转移性收入（见表4-1）。

从农户收入来源看，大多数贫困户还是主要依靠农业经营收入和打工收入。与一般经验不同，本次调研样本户表明，贫困户中有工资性收入的占比高于非贫困户，可能的原因是，非贫困户组中有更多农户有稳定的非农经营纯收入，因桐滩村是镇政府所在地，是一个重要的人员流动、商品交流中心，非农经营机会较多，所以，这部分农户就放弃打工而进行非农经营。此外，还有少量非贫困农户有财产性收入（出租房屋）。

表 4-1　2016 年桐滩村样本户收入来源

单位：户，%

类别	工资性收入	农业经营纯收入	非农经营纯收入	财产性收入	转移性收入
贫困户	25	38	1	0	48
比例	52	79.0	2.0	0	100
非贫困户	15	33	13	1	40
比例	37.5	82.5	32.5	2.5	100

二　收入差距

农户收入差距体现在两个方面：农户之间和各类收入之间。

贫困户样本中，25 户（占样本比例 52%）有工资性收入，其中，44% 的（11 户）农户一年工资性收入超过 1 万元，56% 的农户一年工资性收入低于 1 万元（见图 4-1）。

有农业经营纯收入的 38 户中，87%（33 户）的家庭农业经营纯收入不足 5000 元（未计算收入为负值的 2 户）。农业经营纯收入超过 1 万元的农户，都是养殖大户，总体上看，农业经营纯收入较低。

贫困户中转移性收入最高的有 4.8 万元，最低只有

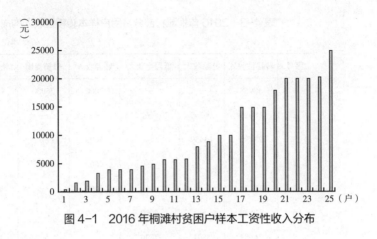

图 4-1　2016 年桐滩村贫困户样本工资性收入分布

230 元。转移性收入小于 5000 元的有 35 户，占比 73%，转移性收入在 1 万 ~2 万元的有 5 户，超过 2 万元的有 3 户（见表 4-2）。

表 4-2　2016 年桐滩村贫困户样本的各种收入来源及分布情况

单位：户

收入来源	< 5000 元	5000~10000 元	10000~20000 元	≥ 20000 元
工资性收入	8	6	9	2
农业经营纯收入	33	0	1	2
非农经营纯收入	1	0	0	0
转移性收入	35	5	5	3

对贫困户家庭 1 万元以上的转移性收入进行构成分析，发现基本是偶然因素导致的，其中，1 户是医疗报销费用有 2.6 万元，2 户是当年各有 1 万元的礼金收入，有 3 户得到超过 1 万元的危房改造补助。此外，有 2 户的低保金收入超过 6000 元，还有 6 户的赡养费比较高（见表 4-3）。

表 4-3　2016 年桐滩村部分贫困户样本转移性收入构成

单位：元

序号	转移性收入	补贴收入	低保金收入	赡养收入	报销费用	礼金收入
1	48958	—	—	2000	26000	—
2	18620	16230	—	—	—	—
3	23490	14450	—	5000	—	—
4	11250	—	—	4000	6000	—
5	15324	—	—	4000	—	10000
6	12530	—	6000	5000	—	—
7	24682	3891	7790	—	—	10000
8	18324	14324	—	4000	—	—

从贫困户的家庭人均收入看，差距较大。最低的一户年人均纯收入只有 400 多元，最高的一户，因是养猪大户，年人均纯收入超过了 3 万元。有 33.3% 的农户年人均纯收入低于 3100 元，达不到脱贫标准，31.2% 的农户年人均纯收入在 3100~5000 元，20.8% 的农户年人均纯收入在 5000~8000 元（见表 4-4）。如果减去礼金、危房改造补助、医疗报销费用等偶然性转移收入，年人均纯收入低于贫困标准的农户数量将上升。

表 4-4　2016 年桐滩村样本户年人均纯收入

单位：元，%

类别	< 3100 元	3100~5000 元	5000~8000 元	≥ 8000 元
贫困户 比例	16 33.3	15 31.2	10 20.8	7 14.5
非贫困户 比例	4 10.0	13 32.5	4 10.0	19 47.5

按居民五等份分组的人均收入看，低收入组的年人均纯收入只有1367.7元，中等偏下收入组的年人均纯收入是2900.6元，均低于贫困标准，即有40%的人仍处于贫困线以下。中等收入组、中等偏上收入组的年人均纯收入分别是4095.6元、6062.6元，高收入组则超过1万元（见表4-5）。

表4-5　2016年桐滩村样本户年人均纯收入

单位：元

类别	低收入组	中等偏下收入组	中等收入组	中等偏上收入组	高收入组
贫困户	1367.7	2900.6	4095.6	6062.6	10934.2
非贫困户	3036.1	4369.6	6886.4	10617.0	17083.1

非贫困户样本中，15户（占样本比例37.5%）有工资性收入，其中，40%（6户）的工资性收入在1万~2万元，53%（8户）的工资性收入超过2万元，只有1户的工资性收入低于1万元。即有工资性收入的非贫困户中，93%的农户收入都超过1万元，该比例远远高于贫困户组（见图4-2）。

33户（占比82.5%）有农业经营收入，其中，91%（30户）的家庭农业经营纯收入不足5000元，有3户的农业经营纯收入超过2万元，这3户也都是养殖专业户。除了专业户外，总体上看，农业经营纯收入较低。再次证明，单纯依靠农业收入难以致富。

13户（32%）有非农经营纯收入，收入来源或是开小卖部，或是跑运输，或是有稳定的退休金。

非贫困户之间的转移性收入差距也比较大，最低的只有230元，最高超过4万元。73%（29户）的农户转移性

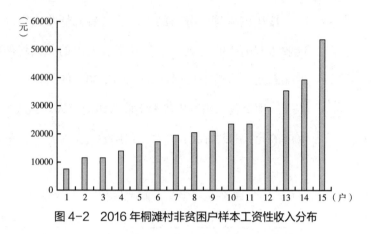

图 4-2　2016 年桐滩村非贫困户样本工资性收入分布

收入小于 5000 元，转移性收入超过 1 万元的占 12.5%。对该组大于 1 万元的转移性收入进行结构分析，发现主要是由退休工资构成，这是与贫困户组最大的差别（见表 4-6）。

表 4-6　2016 年桐滩村非贫困户样本的各种收入来源及分布情况

单位：户

收入来源	＜ 5000 元	5000~10000 元	10000~20000 元	≥ 20000 元
工资性收入	0	1	6	8
农业经营纯收入	30	0	0	3
非农经营纯收入	2	5	1	5
转移性收入	29	6	2	3

　　与贫困户组相似，非贫困户组中的家庭人均收入差距也很大。最低的一户年人均纯收入只有 2100 多元，最高的 1 户年人均纯收入是 2 万元。有 10% 的农户家庭年人均纯收入低于 3100 元，达不到脱贫标准（这些非建档立卡农户的年人均纯收入较低，有可能是在调研中对他们的收

入了解不够细致造成的）。32.5% 的农户年人均纯收入在 3100~5000 元，10% 的农户年人均纯收入在 5000~8000 元，年人均纯收入超过 1 万元的有 13 户，占比 32.5%。非贫困户组中，高收入农户比例明显高于贫困户组。

综上所述，贫困户与非贫困户比较，一是人均收入低于 3100 元的农户比例明显偏高，而人均收入大于 5000 元的农户比例明显偏低；二是按五等份分组比较，贫困户低收入组年人均纯收入不到非贫困户同组的一半，其他组基本是 2/3；三是从收入构成看，2016 年贫困户组人均收入较高的农户多是因为偶然性转移收入所致，而非贫困户组较高人均收入农户的收入来源多是工资性收入、非农经营纯收入以及稳定的转移性收入。

第三节　桐滩村贫困户劳动力及就业状况

一　农户劳动力数量

贫困户样本中，本地常住人口中有劳动力的家庭占比 83.3%，没有劳动力的家庭占比 16.7%。非贫困户样本中，本地常住人口中有劳动力的家庭占比 92.5%，没有劳动力的家庭占比 7.5%。只有 1 个劳动力的家庭在两个组样本中占比都是最高的（见表 4-7）。

贫困户组无劳动力家庭比例高于非贫困户组，这类农户多为年龄较大的独居老人，需要靠子女赡养。两组农户家庭劳动力数量都不多，这既是多年计划生育政策的结果，也是农村分户的结果。

表 4-7 2016 年桐滩村样本户本地常住人口中劳动力数量

单位：户，%

类别	0 个	1 个	2 个	3 个	4 个
贫困户	8	26	11	3	0
比例	16.7	54.2	22.9	6.3	0
非贫困户	3	25	10	1	1
比例	7.5	62.5	25.0	2.5	2.5

在有劳动力的 40 个贫困户中，55% 的家庭仅有男性劳动力，17.5% 的家庭仅有女性劳动力，27.5% 的家庭是男、女劳动力都有。

在有劳动力的 37 个非贫困户中，59.5% 的家庭仅有男性劳动力，10.8% 的家庭仅有女性劳动力，29.7% 的家庭是男、女劳动力都有（见表 4-8）。

表 4-8 2016 年桐滩村样本户劳动力性别数量分布

单位：户，%

类别	仅有男性劳动力	仅有女性劳动力	有不同性别劳动力
贫困户	22	7	11
比例	55.0	17.5	27.5
非贫困户	22	4	11
比例	59.5	10.8	29.7

注：统计表中剔除了没有劳动力样本户的情况，故贫困样本户总量为 40 户，非贫困样本户总量为 37 户。

二 劳动力就业状况

本次问卷调查是对样本户中男性、女性主要劳动力各选一名进行就业状况调研，在贫困户组中，共调研了51名劳动力的就业信息，在非贫困户组中，共调研了48名劳动力的就业信息。

1. 户主务工情况

68.7%的贫困户户主务工以"在家务农"为主，即便打工也以在"乡镇内务工"为主，到乡镇外打工者很少。非贫困户组中，52.5%的户主务工是以"在家务农"为主，42.5%的在"乡镇内务工"，该比例高于贫困户组（见表4-9）。

显然，贫困户主务农比例较高，打工比例较低，这可能是因为身体或者能力的原因，获得打工机会不多。

表4-9　2016年桐滩村样本户户主务工状况

单位：户，%

类别	乡镇内务工	乡镇外县内务工	县外省内务工	省外务工	在家务农
贫困户	12	1	1	1	33
比例	25.0	2.1	2.1	2.1	68.7
非贫困户	17	1	1	0	21
比例	42.5	2.5	2.5	0	52.5

2. 劳动力就业去向

贫困户家庭中的劳动力，2016年务农者最多，占比84.3%，其次是在本地打零工者，占比27.5%。在乡镇内固定工资性就业的人占比11.8%，曾在乡镇外和省外打工者仅有9.8%。

非贫困家庭中的劳动力，2016年务农者占比79.2%，在本地打零工者有10.4%，在本乡镇固定工资性就业者有22.9%，在本地自营非农业者达25%，主要从事食品零售、批发、医疗、交通运输等行业。

可见，贫困户组中"本地自营非农业""本乡镇固定工资性就业"的比例显著低于非贫困户组，这也是两组收入来源的主要差异所在（见表4-10）。

表4-10　2016年桐滩村样本户劳动力就业区域及类型

单位：户，%

类别	本地自营农业	本地自营非农业	本地打零工	本乡镇固定工资性就业	县内本乡镇外打工、自营	省内县外打工、自营	省外打工、自营
贫困户	43	2	14	6	1	0	4
比例	84.3	3.9	27.5	11.8	2.0	0.0	7.8
非贫困户	38	12	5	11	1	0	0
比例	79.2	25.0	10.4	22.9	2.1	0.0	0.0

注：贫困户样本51人，非贫困户48人。2016年部分受访劳动力就业区域、类型多元化，故总数相加超过受访总人数，百分比计算方法为从事过该工作的人数除以各组样本总人数。

贫困户组中，66.7%的劳动力2016年主要从事的行业为"农林牧渔业"，占比最高；33.3%的人从事非农业劳动，且均为受雇形式。非贫困户组中，占比最高的也是从事农林牧渔业者，达50%。从事非农业工作的劳动者占比也是50%（见表4-11）。

贫困户组劳动力主要从事农业的比例明显高于非贫困户组，说明贫困户组劳动力对农业生产的依赖程度高于非贫困户组。

表 4-11　2016 年桐滩村样本户劳动力最主要工作行业

单位：户，%

类别	农林牧渔业	采矿业	建筑业	批发和零售业	交通运输仓储邮政	居民服务修理等	教育	卫生和社会工作	公共管理社会保障等
贫困户	34	4	6	1	1	0	2	1	2
比例	66.7	7.8	11.8	2.0	2.0	0.0	3.9	2.0	3.9
非贫困户	24	4	5	5	5	1	0	4	0
比例	50.0	8.3	10.4	10.4	10.4	2.1	0.0	8.3	0.0

注：贫困户样本户 51 户，非贫困户 48 户。

贫困户组中，49% 的劳动力 2016 年劳动时间（不含家务劳动）介于 100~200 天，劳动时间超过 200 天的占41.2%。非贫困户组中，2016 年劳动时间超过 200 天的占 62.6%，其中，劳动时间在 300 天以上占 43.8%（见表4-12）。

从劳动天数看，贫困户组劳动力劳动时间超过 200天者的比例明显低于非贫困组，也就是说非贫困户组劳动力比贫困户组劳动力付出更多劳动时间，这可能与劳动者的年龄和健康状况有关，也可能与其劳动积极性有关。

表 4-12　2016 年桐滩村样本户劳动力劳动时间（不含家务劳动）

单位：户，%

类别	D ≤ 100 天	100 天< D ≤ 200 天	200 天< D ≤ 300 天	300 天< D
贫困户	5	25	13	8
比例	9.8	49.0	25.5	15.7
非贫困户	9	9	9	21
比例	18.8	18.8	18.8	43.8

注：贫困户样本 51 人，非贫困户 48 人。

贫困户组中，2016 年劳动收入低于 3000 元者占 45.1%，介于 3000~10000 元者，占 29.4%，超过 1 万元者有 25.5%。非贫困户组中，2016 年劳动收入低于 3000 元者占 37.5%，介于 3000~10000 元者，占 14.6%，超过 1 万元者，达 47.9%（见表 4-13）。

相比之下，在低收入范围内，贫困户组比例高，而在高收入范围内，贫困户组比例低，即贫困户组的年劳动收入总体低于非贫困户组，这也正是贫困的收入成因之一。

表 4-13　2016 年桐滩村样本户劳动收入分布（纯收入）

单位：户，%

类别	M ≤ 1000 元	1000 元 < M ≤ 3000 元	3000 元 < M ≤ 10000 元	10000 元 < M ≤ 30000 元	30000 元 < M
贫困户	15	8	15	12	1
比例	29.4	15.7	29.4	23.5	2.0
非贫困户	13	5	7	16	7
比例	27.1	10.4	14.6	33.3	14.6

注：贫困户样本 51 人，非贫困户 48 人。

贫困户组中，劳动力上一年的非农业收入高于 1 万元者占比约 30%，收入在 3000~10000 元者占 51.9%，不足 3000 元者占 18.5%。非贫困户组，劳动力上一年的非农业收入高于 1 万元者占 65.5%，收入在 3000~10000 元者占 13.8%，不足 3000 元者占 20.7%（见表 4-14）。

贫困户与非贫困户非农收入的差距进一步说明了两类农户的经济差距的构成原因。

表 4-14　2016 年桐滩村样本户劳动力其他劳动收入（纯收入）

单位：户，%

类别	M ≤ 1000元	1000 元 < M ≤ 3000元	3000 元 < M ≤ 10000元	10000 元 < M ≤ 30000元	30000元 < M
贫困户（n=27）	3	2	14	8	0
比例	11.1	7.4	51.9	29.6	0.0
非贫困户（n=29）	2	4	4	14	5
比例	6.9	13.8	13.8	48.3	17.2

注：其他劳动收入包括非农业经营收入和工资性收入。

　　贫困户组中，37% 的劳动力受雇，63% 自己经营；非贫困户组 30% 的劳动力受雇，70% 自己经营。

　　贫困户组中 95%、非贫困户组中 78% 的受雇劳动力日工资都没有超过 100 元。受雇劳动力平均月上班天数，贫困户组中，上班天数从 1 周至 4 周的均有，且没有较大差别，但非贫困户中，月上班天数都超过 2 周。

　　从受雇劳动力的"社会保险"看，贫困户组中，47.4% 的人有医疗保险，26.3% 的人有养老保险，而工伤保险、失业保险和公积金等社会保障都无人享有。非贫困户组中，50% 的人有医疗保险，42.9% 的人有养老保险，21.4% 的人有工伤保险，14.3% 的人有失业保险，1 人有住房公积金，为桐峪镇卫生院医生（见表 4-15）。

　　贫困户组与非贫困户组劳动力在社会保险方面的差距很明显，既有社会保险类别上的差距，也有覆盖面上的差距，从而构成贫困成因的社会保险因素，原因包括：一是两组样本中劳动力受雇职业有明显差异，非贫困户组多受雇于相对固定的职业，而贫困户组则不然，二是受雇时长不同，贫困户组中打零工居多，时长较短，影响社保缴纳。两个组别的受雇劳动力除个别人外，基本没有拖欠工资情况。

表4-15　2016年桐滩村样本户受雇劳动力享有的职工
"五险一金"种类

单位：户，%

类别	医疗保险	养老保险	工伤保险	失业保险	生育保险	公积金
贫困户	9	5	0	0	0	0
比例	47.4	26.3	0.0	0.0	0.0	0.0
非贫困户	7	6	3	2	0	1
比例	50.0	42.9	21.4	14.3	0.0	7.1

注：由于受访的劳动力对其所享有居民保险与职工社会保险界定不清，统计可能存在误差。部分受访劳动力同时享有一种以上的社会保障，故各类保障总数相加超过被访人数，百分比计算为享有该保障的人数除以各组样本总数。

第四节　桐滩村产业扶贫实践

一　发展特色农业产业

桐滩村基于本村资源状况与农业经营传统，重点发展核桃、中药材和规模养殖等种养业。

1. 核桃产业

桐滩村大约1100亩土地上种植有约1.4万株核桃树，为了发展核桃产业，桐滩村贯彻落实县、乡扶持政策，一是为贫困户免费发放核桃树苗，做到贫困人口全覆盖，且贫困户人均核桃树达 2 亩以上。2017 年为 200 户贫困户免费发放 7434 株核桃苗。二是免费为贫困户进行核桃树抚育管护。三是硬化核桃园田间道路，改善生产设施。四是对规模化发展、高产户进行奖补。建档立卡贫困户凡连片发展 10 亩以上的，每株补助 20 元。凡亩产达 100 公斤以上、品种纯、管理规范、面积达 50~100 亩的示范园，每园补助 1 万元。

目前，核桃产业的扶贫效果主要体现在，首先是规模化种植核桃的农户得到奖励补助；其次是在核桃树种植、管理等与产量、品质相关方面，给予贫困户技术帮助；最后是为核桃产业进一步规模化发展打下基础，2017 年种植的核桃树，三年后即可挂果，五年后进入盛果期，届时，贫困户将通过卖核桃获得稳定收入。

2. 中药材

桐滩村自然条件很适合连翘生长，最近几年，春秋时节有很多村民上山捋连翘（春天捋湿的，秋天捋干的），一般情况下可以有几千元的收入，不怕辛苦的人可以收入上万元。

左权县政府提出发展中药材产业，在县城东南部的乡镇（包括桐峪）发展黄芩、连翘、柴胡等品种，为充分利用县域内的耕地和荒山资源，在核桃树下套种黄芩、柴胡，在荒山荒坡种植连翘。县里免费为贫困户发放种苗，为规模种植户提供补助和特惠补贴。到 2017 年中，桐滩村新发展中药材 1500 亩，其中荒山荒坡（宜林地）种植连翘 1000 亩，发展林下经济 500 亩。

此外，桐滩村还鼓励规模化种植小杂粮，2017年，村委为村民发放谷籽340袋、化肥1020袋、地膜1190公斤。通过发展核桃、中药材、小杂粮种植，贫困户基本实现户户都有稳定增收的产业。

3.规模养殖扶持措施

桐滩村以养猪、养牛、养羊为主，扶持措施主要是奖励和贴息贷款。对于达到一定养殖规模的农户或合作社给予贴息贷款10万元、一次性扶持资金5万~7万元，此外还根据养殖规模进行补助。2017年，全村有28户获得每户2000元补贴标准，共5.6万元的养殖补贴，其中，桐峪村10户，滩里村8户。

规模养殖中，顺隆养殖专业合作社近几年发展规模比较大，带动5人规模化养猪，为14人直接提供就业岗位，还间接带动运输等服务岗位就业，已成为远近闻名的一个养猪合作社。

二 光伏扶贫

桐滩村2016年底开工建设110kW集中式光伏电站项目，2017年10月通过验收后并网发电。如果按目前并网电价及补贴按时到位计算，这个光伏扶贫项目年收入大约10万元。桐滩村制定的收益分配为四部分：光伏建设单位获得部分投资收益，管护工资与费用占一部分，经村委会民主评议出的20户贫困户（非低保户）每户每年3000元补贴，其余部分留给村集体统筹，村集体计划全部用于村内公共事业，惠及全村群众。

调研中，村干部、贫困户对光伏扶贫比较看好，认为一次投入多年受益，属于可持续、有稳定收益的扶贫措施。但是，光伏扶贫也存在一些问题。其一，桐滩村的集中式光伏电站项目在安装时有一些配件不匹配，导致项目验收不久就需要更换配件，反映出在光伏电站建设中存在技术问题。其二，虽然光伏电站已经并网发电，但是国家补贴资金不到位，也就不能给贫困户按时足额发放补贴。可见，目前，补贴资金能否足额、按时到位直接影响光伏发电项目的扶贫效果。

三 乡村旅游扶贫

从旅游资源来看，桐滩村是一个微缩版的左权县，同样具有红色、绿色、金色三类旅游资源：临参会旧址是红色；依托小荫沟自然村开发的莲花岩生态庄园是绿色；金色指的是左权小花戏。从地理位置看，桐滩村区位优势明显：207国道将县城、桐滩、麻田连成一条包含小花戏、莲花岩观光、八路军总部三类特色文化的旅游线路，乡村旅游具有较好发展前景。

桐滩村干部在思考本村脱贫后的经济发展时，也把希望寄托在乡村旅游产业上，他们说，本村山多地少，靠农业种植无法致富，必须寻找一个可持续发展的产业。由于本村没有其他工业资源，现在所能想到的就是发展旅游产业。

目前，莲花岩生态庄园通过就业可以直接带动贫困人口40~50人。随着景区知名度不断提升、游客数量连年增加，莲花岩作为乡村旅游景区，其带动周围农户脱贫致富的作用会越来越显著。

但是，课题组实地调研体会以及与景区管理层、村干部的深入交流，发现乡村旅游还面临严重的制约因素，直接影响着乡村旅游的快速发展。

首先，道路制约。尽管桐滩村紧邻207国道，天黎高速出口就在村口，可是，由于各种原因，天黎高速路上车辆很少，而207国道上车特别多，路窄弯多卡车多，结果就是事故多。莲花岩景区负责人说，平均一个星期就有一辆大卡车出事故。我们在四次调研过程中，也亲眼见过有翻倒在路边沟里的大卡车，还有撞倒农户院墙的大车，堵车就更是家常便饭。这种交通状况对旅游有明显的制约作用。左权县政府也早已意识到此问题，但尚未根本解决。

其次，景区内设施制约。主要是通信信号差，由于山高沟深，手机在景区内几乎没有信号，打电话、上网都不流畅，影响景区服务质量。另外，景区继续向内延伸还有景观可开发，但是道路不通。景区负责人说这条路是四合一道路，即森林防火、田间道路、产业发展道路、出行通道，所以应该由政府出资修建。因为道路不通，现在景区游览面积比较小，游人暂时还看不到大山深处更独特的风景。

再次，红色文化宣传不足。2009年10月，莲花岩崖居内发现八路军129师师部医院1939年遗留在此的83名战士的《死亡证书》，印证了这里曾是一片血染的土地。但是，目前，莲花岩红色文化宣传不足，知名度不高，无法与省内其他红色景区相比。

最后还有一个值得深思的问题，是乡村旅游资源普遍小而散，以及旅游产品同质化，这种现象已经在其他地方显现，缺乏特色、优势不明显，庄园、景区互相模仿，结果是客流量都不足。如何发展旅游产业，特别是刚起步的乡村旅游业，及时优化供给侧结构，避免产能过剩给当地经济带来伤害，是政府、企业、学界需要深入探讨的问题。

专栏 1　依托养殖合作社脱贫致富

周家垴村位于左权县桐峪镇西北部，地处太行山白家沟腹地，是革命老区的国家级贫困村，距离县城 36.7 公里，距乡镇府 12.4 公里，距其最近的 207 国道 7.2 公里。该村交通不便，没有矿产，缺乏旅游资源，山地、丘陵地貌交错，是一个仅有 36 户 75 口人的偏僻小山村，全自然村贫困发生率高达 58.3%。一半以上的青壮劳动力常年在外打工，大部分村民已经搬迁到桐峪村或县城，目前村中仅剩村民 12 户，常住人口不足 40 人。尽管该村劳动力稀缺，生产能力有限，但生态环境优良，适合发展传统养殖产业。

周家垴村民张三栋因地制宜，结合地形与环境特点，发起成立了顺隆养殖专业合作社，在实践中为帮助村民脱贫致富，探索吸纳村民入社与吸收劳动力就业的帮扶模式，已帮助本村贫困户 5 户、贫困人口 11 人成功实现脱贫。养殖场吸纳附近乡镇贫困劳动力就业 20 余人，走出一条以合作社为平台，依托产业发展带动当地贫困人口脱贫致富的山区脱贫路子。

一　顺隆养殖专业合作社发展历程

顺隆养殖专业合作社养猪场位于桐峪镇周家垴村，由该村村民张三栋于 1999 年建立。2008 年，张三栋发起并联合本村村民张二光等七户农民，组建了"左权桐峪镇顺隆农民养殖专业合作社"，七户农民都办起了养猪场。合作社采取"统一供料、统一技术服务、统一价格销售、分散经营"的"三统一分"模式运作，到 2012 年底合作社成员已经发展到 10 户，人均纯收入 5.3 万元，逐步向"一村一品"养殖专业村的方向迈进，并为该区域提供仔猪、饲养管理、组织销售等服务，推动全镇生猪养殖业的快速发展。

1. 扩大养殖规模

顺隆养殖专业合作社创始人张三栋 1993 年开始养猪，最初养猪规模只有 20 来头，且以放养为主，经过几年积累，逐步建起了固定圈舍。

1999 年，张三栋牵头成立顺隆养殖专业合作社，注册资金 100 万元，张三栋担任法人代表，成员有张大忠、张一廷，两人都是张三栋的兄长。养殖场建立初期，由于资金有限，合作社存栏量不足百头，仅有一台粉碎机和一台电动机，主营业务为种猪选育与育肥猪销售。张三栋秉持"一辈子只做一件事，就一定能把它做好"的信念，注重原始资金与养殖经验积累，采取滚动发展的方式逐步扩规上档。

2005 年，合作社投资 200 万元新建养猪场一处，占地 2000 平方米，建圈 16 栋，生猪存栏达 1000 头。

2007 年，张三栋在村前另选新址扩建养猪场，新建猪舍 22 栋，占地 7000 平方米，并结合当地地形合理布局分区生产，设生活区、养殖区、排污区三部分，在养殖区分设种猪舍、产房、育肥舍、饲料加工间等，配备了产床、保育栏、保温箱、自动饮水设备，出入口建起了消毒通道和消毒池，累计总投入资金400万元。养殖场规模最大曾存栏约7000头，年出栏近15000头。

2008年在原合作社基础上，由张三栋联合本村村民张二光、张大忠等七户农民，组建了"左权桐峪镇顺隆农民养殖专业合作社"，更新注册资本为500万元，七户农民都办起了养猪场。

2. 拓展养殖品种

2013年，合作社开始拓展养殖范围，投资500万元建设"蛋鸡养殖一场"，占地20亩，其中鸡舍6栋，7800平方米，供暖、通风、供水、喂料、集蛋、清粪、笼具、光照设备齐全，蛋鸡养殖规模可达10万只。

2014年，合作社又在猪场附近投资500余万元建设"蛋鸡养殖二场"，该场采用全自动生产线组织生产，至此，养殖场蛋鸡养殖规模扩大至20万只，日产鲜蛋可达1万公斤。同年，合作社投资100万元在周家垴村前选址，建设占地500平方米的鸡蛋加工厂，加工厂主营业务为鸡蛋的筛选、清洁和包装。合作社蛋鸡产业共计投资1100万元，年创产值1000余万元，纯收入达200余万元。

2014年、2015年全国生猪市场行情下滑，许多养猪场遭遇损失，而恰巧此时鸡蛋市场景气，利润增长。合作社利用鸡蛋销售收入弥补生猪养殖的亏损，帮助合作社度过了生猪市场行情艰难的"寒冬"。

2016年，合作社启动鸡蛋保洁项目建设，项目投资300

万元，其中基础设施 130 万元、水井 50 万元、保洁设备及其他 120 万元。设备引进国内最先进的全自动保洁生产线，通过清洗、上膜、喷码等程序，实现鸡蛋的清洁上市，安全进入餐桌。2017 年顺隆养殖专业合作社注册鸡蛋商标"顺腾"，建立蛋鸡散养林场，发展生产有机鸡蛋产品。

3. 改进经营管理模式

1998 年合作社起步后基本以分散经营为主，经营规模的扩大、优势互补的需要，催生了体制的升级，联合其他分散养殖户组建专业合作社，产业联结，分工合作，互通有无，互利共赢；之后又与其他分散的养殖场构建联合体，实现集中管控、规模化发展。养殖场建设过程中，坚持"优质、高产、健康、高效"的原则进行规划和设计。无论是新建还是扩建、改建，均以城乡土地利用的总体规划为前提。结合地形特点分区规划建设，养殖区、排污区封闭式建设和管理，采用砖瓦或彩钢结构。生猪养殖区猪舍、产房（产床）、保育舍（保育栏）、育肥舍、饲料加工间、定位栏、仔猪保温箱、自动饮水设备、出入口消毒通风渠道、消毒池等设施高标准配置；蛋鸡养殖区供暖、通风、供水、喂料、清粪、笼具、光照等一应俱全。2013 年，合作社养猪场统一购进自动喂食槽，节省养殖的人力资源投入，养殖效率得到明显提高。

生产管理方面，该合作社日常工作人员 20 余人，拥有会员 7 户，每户 1 个生猪养殖场，在发展规划上，坚持自繁自养，建立了集育种、生产经营和疾病防控于一体的高水平的技术体系，规范管理。合作社采取"统一供料、统一技术服务、统一价格销售、分散经营"的"三统一分"模式运作，逐步向"一村一品"养殖专业村迈进，以"市场""技术"为核心，逐步构建和完善"合作社＋散户"的运作模式。统一饲料与仔猪的购买和生猪的销售，既能节约运输成本，又能增强农民的议价能力，提高利润。通过统一的技术服务，降低散户的外部风险与生产成本。

4. 配套市场机制，延长产业链

合作社与外地多家农产品销售公司建立联系与合作关系，及时了解市场供求、价格信息。产品供应方面，合作社已经建立了稳定的供应链，养猪场和养鸡场的饲料主要由河南省华盟饲料厂供应，种猪由河北东旺种猪场供应，种鸡由河北大吴种鸡场供应。销售方面，由于合作社生猪养殖规模较大，本地生猪需求量较小，合作社的生猪主要通过中间商销往北京、石家庄等地的屠宰场，生猪价格则是根据河北省肉联厂报价，再结合本地市场现实情况，采取科学合理的浮动价格；鸡蛋价格统一按照北京市鸡蛋价格实行每日报价，除一部分供应本地的超市外，其余全部销往河北涉县与邢台等地。

此外，针对养殖过程中每天产生的猪粪、鸡粪无法处理且污染环境等问题，2006年在左权县政府和畜牧局的帮助下，由县财政局出资，在周家垴村建化粪池一座并配备抽粪车（合作社仅享有车辆使用权）。养猪场、养鸡场废渣经过化粪池厌氧发酵后，变废为宝可用于耕地施肥。多余的粪肥统一储存在化粪池中，出售给粟城乡有机肥厂，每立方米粪肥可收入 30~50 元，通过有机肥厂将粪肥加工成经济价值更高的有机肥，供应周边乡镇果园、葡萄庄园及大棚蔬菜基地。合作社废料循环利用的生态经济，既可以解决猪场排污问题，又能帮助村民们省去化肥开支。2011年，顺隆养殖专业合作社被评为左权县十大生态庄园之一。

二　依托养殖合作社的山区脱贫致富道路

经过多年发展，合作社对周边村庄的带动效应逐渐显现，并充分运用政府和社会的扶贫资源，完善农村基础设施。近几年，在精准扶贫、精准脱贫方略实施中，合作社通过吸纳社员和就业带动方式，走出了一条山区贫困户脱贫致富的路子。

1. 建设基础设施改善周边交通生活条件

首先，硬化道路，改善村庄交通条件。周家垴村因位置偏僻，随着村里人陆续移民搬迁和青壮年外出务工增多，村庄逐渐凋敝。2007 年，合作社自筹资金 28 万元，把周家垴到白家庄全长 5 公里的道路进行硬化，不仅方便了生猪和饲料的运输，也方便了周边几个自然村村民的出行。2008 年，合作社筹资 35 万元修建 3 眼水井，解决了村民吃水难和养殖用水难的问题。合作社在发展养殖产业的同时，尽力改善村庄交通生活条件。

其次，规模经营，激活农村要素存量。顺隆养殖专业合作社通过多年滚动发展，经营规模不断扩大，合作社目前总占地面积 22333.5 平方米（33.5 亩），资产总额

2600 余万元，猪舍养殖规模 7000 头，年出栏生猪 14000 头；蛋鸡养殖 20 万只，日产鲜蛋 1 万余公斤。另外，还有 2500 平方米荒山荒坡经营权，拓展经济林开发产业。

在张三栋的带领示范作用影响下，附近共有 8 个村 31 户先后办起养殖场，开展生猪养殖，总饲养规模达 1 万余头，年可实现产值 2000 余万元，利润 180 万元，吸纳农村劳动力 120 人，年转化粮食 2000 吨。规模效应逐步增强了合作社整体的市场竞争力，又能加快资金积累。

2. 探索发展生产与就业相结合的扶贫模式

其一，合作社吸收社员。顺隆养殖专业合作社主要采用"合作社＋散户"的模式，通过"一带多"的发展路径，将本村有劳动能力、有参与合作社意愿的贫困户吸收为社员，建立独立的养猪场。采取"统一供料、统一技术服务、统一价格销售、分散经营"的模式经营，通过合作社带动养殖户脱贫致富。目前，该合作社采取吸纳贫困户为社员的帮扶方式，帮扶本村 2 户贫困户社员（共 5 人），这些贫困户共养殖生猪 800 余头，户均年收入达 8 万元以上，成功实现产业脱贫。

其二，就业带动脱贫。在吸引有意愿的农户成为合作社成员的同时，合作社还为不愿或不能外出打工的村民提供就业岗位，平均月收入在 1500~3000 元，工资按年结算，平时可以按需支取。并为外地来养殖场务工者提供食宿。稳定的收入吸引了部分外出打工者回流，也吸引了附近村子的一些人来打工。

合作社已带动本村及周边村子有劳动能力但无经济实

力的贫困人口共 14 人（女性 8 人，男性 6 人），他们通过就业已经实现脱贫。当他们有一定资金基础后，合作社还鼓励他们发展自己的养猪场。

三　顺隆养殖专业合作社发展启示

合作社作为产业扶贫的龙头之一，在脱贫攻坚中发挥着重要作用。顺隆养殖专业合作社作为左权县桐峪村产业扶贫的一个成功典型，对山区农村脱贫模式有一定的启示。

1. 因地制宜发展扶贫产业

周家垴村地处大山深处，人少环境好，养殖空间相对宽阔，养殖成本低于人口密集区域。顺隆养殖专业合作社充分利用比较优势，选择技术含量低、进入门槛低的养殖业进行发展，坚持因地制宜选择扶贫产业的原则。合作社从成员数量少、养殖规模小开始起步，通过养殖收益的示范效应吸引农户加入合作社，逐渐扩大生产规模，这种完全基于农户自愿的稳步发展路径，将风险尽量控制在农户承受范围内，属于比较稳妥的发展模式。

2. 通过合适的利益联结机制带动贫困人口

适当的利益联结机制是合作社存在与发展的基础，也是带动贫困户脱贫的重要保证。顺隆养殖专业合作社根据养殖业的产业特征，逐渐摸索出"统一供料、统一技术服务、统一价格销售、分散经营"的"三统一分"模式，既能充分调动合作社成员经营的主动性和积极性，又通过集中采购饲料、集中销售的模式降低经营成本，选择了一个适合分散农户的收益—风险自我负责的低管理成本的合作养殖模式。同时，通过雇工形式为部分贫困人口提供就业机会，让他们"离土不离家"就可以有稳定的收入。

3. 通过扶持合作社实现精准扶贫精准脱贫

在实施精准扶贫精准脱贫方略形势下，政府主导扶贫资源的投入与分配，与直接支持分散农户相比，通过扶持龙头企业、农业合作社等新型经营主体来带动贫困户脱贫是经实践证明行之有效的措施。对合作社进行金融、生产资料、技术等方面的帮助，可以通过合作社惠及成员，同时又提高了扶贫工作效率。

专栏2 乡村旅游：扶贫新产业

莲花岩生态庄园位于桐峪镇西北向的小荫沟自然村，景区内高山从侧面望去，仿佛由层层似莲瓣的岩石叠垒而成，故名莲花岩。该区域山高沟深，海拔落差大约700米，山沟呈连续S形延伸，纵深11公里。区域内独特的自然景观、千年崖居、抗战遗物等人文历史、红色文化，与县城的"龙泉森林公园"、麻田镇"八路军总部纪念馆"等景区相连成网。

莲花岩生态庄园的建设与开发始于2009年，左权县万顺公司董事长高先生响应转型跨越发展战略，联合青年企业家国先生，注册成立"莲花岩田源生态开发有限公司"，开发庄园经济。公司利用小荫沟、莲花岩等几个空壳自然村的"四荒"资源，发展经济林、中药材种植和自然生态旅游度假开发，并根据区域原始自然植被茂盛、山岩造型奇特、历史文化与红色印迹特殊的特点，确立以"原生态旅游度假为主，林果药种植为辅"的庄园经济发展定位。近几年，公司管理团队逐步把莲花岩从庄园经济（农业、采摘）转向风景游览区（观赏），打造"千年古崖居、峡谷好风光、花戏文化园"形象。

到2017年，莲花岩生态公司已投资近1亿元建设园区内基础设施、修缮原生态村落、开发自然风光、种植经济林和中药材。在开发建设过程中，为周边市县下岗职工、周边村民提供就业机会，增加打工收入。目前，园区内常聘职工 50~60 人，每月工资 2000 余元。园区对桐滩村民免费，村民凭身份证可入园，春秋季村民可进园区采摘野生中药材。

经过七年多的努力，莲花岩生态公司已经把一个几近荒芜的偏僻封闭山沟建设成既有"自然风光观赏"，又有"红色感人故事"的休闲度假景区。

第五章

桐滩村教育与健康扶贫政策实践

第一节 左权县教育与健康扶贫政策概述

一 教育扶贫政策

（1）实现上学零交费。在免除学杂费、国家课程教科书费的基础上，还免除了学生作业本费、地方课程教材费和教辅教材费，实现义务教育阶段上学零交费。

（2）建立完善的救助体系。创建以国家免、奖、助、贷、补政策资助为主，企业、社会团体、爱心人士资助为辅，覆盖整个就学过程的多位一体救助体系，建立贫困生信息库和受助学生信息库，为教育精准扶贫提供可靠依据。

（3）扩大生活补助范围。在建档立卡贫困住宿生全覆盖的基础上，将在义务教育学校就读的孤儿、家庭经济困难残疾儿童、低保户子女、经济困难残疾家庭子女等四类寄宿学生，全部纳入生活补助范围。

通过以上举措，全县适龄儿童接受九年义务教育入学率、巩固率、毕业率均达100%，无因贫辍学学生。

二 健康医疗扶贫政策

（1）免除新农合定点医院普通门诊挂号费。全县所有建档立卡贫困户在县域内新农合定点医疗机构就诊，凭身份证或健康扶贫医疗证可享受免除普通门诊费优惠政策。各定点医疗机构均设有"一站式"服务窗口并实施"先诊疗后付费"等便民制度。对建档立卡贫困户在县内住院补偿比例由75%提高到80%。确保全县贫困人口能享受到优质、便捷、价廉的医疗服务。

（2）签订医疗服务契约和建立居民健康档案。为全县贫困人口提供医疗签约服务和建立居民健康档案，签约率和建档率均为100%。各类贫困人口均按照基本公共卫生12大类45小项规范要求进行分类管理。

（3）新农合门诊慢性病特殊补偿。从2016年11月21日开始执行建档立卡贫困患者新农合大额门诊慢性病补偿，比例由60%提高到80%。

（4）孕产妇在县域内实行免费住院分娩。从2016年11月21日开始执行建档立卡贫困参合孕产妇在县内住院正常分娩新农合定额补助 800 元、农村孕产妇住院分娩补助 300 元，县内医疗机构住院分娩最高限价为 1100 元。实行县内正常分娩全免费。

（5）重大疾病补偿。实行限价补偿，补偿比例为 70%。大病保险报销比例提高。建档立卡贫困患者大病保险起付线由 8000 元降到 5000 元，支付比例提高 3%。

第二节　桐滩村农户子女教育及保障情况

一　农户子女教育情况

贫困户样本中，21 户有在校生，占比 43.7%，其中，有小学生、初中生的家庭比例为 25%，有中职 / 高职、大专及以上的家庭比例为 10.4%。

非贫困户样本中，28 户有在校生，占比 70%，其中，有小学生、初中生的家庭比例为 45%，有高中、中职 / 高职、大专及以上在校生的家庭比例为 20%（见表 5-1）。

对比分析发现，农户适龄子女教育都得到保障，但非贫困户组各层次在校生比例高于贫困户组，特别是高中、大专等非义务教育阶段。反映出贫困户在子女教育方面与非贫困户有不小的差距，存在贫困代际传递的可能。

表 5-1 桐滩村样本户家庭在校生情况

单位：户，%

类别	学前教育	小学	初中	高中	中职/高职	大专及以上
贫困户	4	7	5	0	2	3
比例	8.3	14.6	10.4	0	4.2	6.2
非贫困户	2	11	7	1	3	4
比例	5.0	27.5	17.5	2.5	7.5	10.0

　　贫困户样本中，有教育支出的家庭共 12 户，非贫困户样本中有教育支出的家庭共 14 户。家庭之间的教育费用差别较大，读小学或初中的费用较低，只需要几百元，读中职/高职或大专的费用较高，一般支出都在 1 万元以上。

　　2016 年，贫困户组中，有 6 户的教育支出在 1000 元以内，高于 5000 元的有 4 户，分别占比 50%、33%。非贫困户组中，有 3 户的教育支出在 1000 元以内，高于 5000 元的则有 8 户，分别占比 21%、57%。总体看，贫困户教育支出低，非贫困户教育支出高（见图 5-1 和图 5-2）。

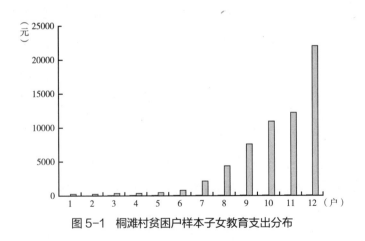

图 5-1　桐滩村贫困户样本子女教育支出分布

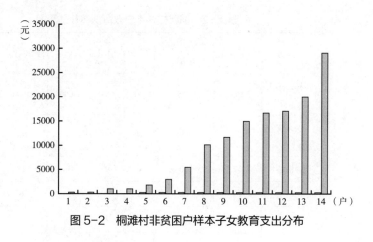

图 5-2　桐滩村非贫困户样本子女教育支出分布

二　贫困户子女教育保障情况

桐滩村全面落实教育扶贫政策，2017年春季发放各类助学补助167150元，覆盖所有贫困户子女，共计134人享受补贴，其中，学前教育41人，小学、初中寄宿生18人，高中生13人，中职生20人，大学生6人，雨露计划36人（见表5-2）。不仅义务教育得到保障，非义务教育阶段也得到一定程度的补助。享受教育补贴的学生在各自然村分布差异很大，2个大村共有104人，其余5个小村合计30人。实际上，5个小村的这30户有在学子女的家庭已经常年不在村内居住，仅户口还按原自然村统计。从子女教育角度看，小自然村的消失是必然的。

表 5-2　桐滩村样本户教育扶贫补贴情况

项目	学前教育	小学、初中寄宿生	高中	中职	大学生	雨露计划	合计
补助标准（元/人）	500	625	1000	1000	5000	2000	—
人数（人）	41	18	13	20	6	36	134
桐峪	17	10	6	9	1	18	61
滩里	19	3	7	6	2	6	43
杨家峧	3	2	0	1	0	3	9
皇家庄	1	2	0	1	1	1	6
周家垴	0	0	0	0	0	0	0
申家峧	1	0	0	3	2	7	13
石暴	0	1	0	0	0	1	2

注：大学生是按每人次补贴，其余都是按每学期计算。

第三节　桐滩村农户健康养老及医疗保障情况

一　农户健康状况

贫困户样本中，户主健康问题比较突出，患有长期慢性病、大病的比例分别是 37.5%、10.4%，还有 12.5% 是残疾，身体健康的比例只有 39.5%。健康状况直接决定劳动、自理能力。贫困户主中 29.2% 部分丧失劳动能力，22.9% 的人无劳动能力，技能劳动力的比例只有 2.1%。

非贫困户样本中，户主的健康状况明显好于贫困户组，身体健康的占55%，患有大病、残疾的占2.5%（见表5-3），因此，他们的劳动、自理能力要好于贫困户组，77.5%的户主属于"普通全劳动力"，20%部分丧失劳动能力（见表5-4）。从而也证明，疾病是贫困户的一个重要致贫原因。

表5-3　桐滩村样本户户主健康状况

单位，户，%

类别	健康	长期慢性病	患有大病	残疾
贫困户 比例	19 39.5	18 37.5	5 10.4	6 12.5
非贫困户 比例	22 55.0	17 42.5	1 2.5	0 0

表5-4　桐滩村样本户户主劳动、自理能力

单位：户，%

类别	普通全 劳动力	技能 劳动力	部分丧失劳 动能力	无劳动能力 有自理能力	无自理能 力
贫困户 比例	22 45.8	1 2.1	14 29.2	10 20.8	1 2.1
非贫困户 比例	31 77.5	1 2.5	8 20.0	0 0	0 0

从家庭成员健康状况看，贫困户组家庭整体情况比从户主角度统计还要差一些。家庭所有成员都健康的户数仅占18.8%（9户），81.3%（39户）农户家中都有身体不健康成员，家庭患病成员人数过半的农户多达1/3。家庭成员中有心脏病、高血压、腰腿疼等长期慢性病的户数占比

达 56.3%，患有癌症、偏瘫等大病，残疾成员的户数占比 35.3%（见表 5-5）。

表 5-5　桐滩村样本户家庭成员健康状况

单位：户，%

类别	健康	长期慢性病	患有大病	残疾
贫困户	9	27	7	10
比例	18.8	56.3	14.5	20.8
非贫困户	14	22	3	1
比例	35.0	55.0	7.5	2.5

注："健康"是指家庭成员全部健康，其他情况，只要有成员属于该情况就进行统计。

非贫困户组中家庭成员健康状况也比仅从户主角度统计要差一些。家庭所有成员都健康的户数占比 35%（14 户），65%（26 户）的农户有家庭成员患病（见表5-6）。

表 5-6　桐滩村样本户家庭不健康成员占比分布

单位：户

类别	0	1%~25%	26%~50%	51%~75%	76%~100%
非贫困户	14	7	8	1	10
贫困户	9	5	18	3	13

与贫困户组相比，非贫困户组中家庭成员全部健康的农户比例要高 16.2%，家庭成员患大病、残疾的比例则低 25.3%。无论是健康户数还是家庭健康成员比例，非贫困户组家庭健康状况明显好于贫困户组，由此可见，贫困与农户健康密切相关，因病致贫是主要的贫困类型。

二 农户医疗情况

2016年贫困户组中71%（34户）的家庭有成员患病需要治疗，其中，门诊治疗6%、住院治疗14%，还有50%自行买药治疗。自行买药治疗的农户，其家庭成员所患疾病是需要长期服药的慢性病，如果遇到急病、重病，则都要去县医院或市级医院治疗。

2016年贫困户组中有治疗费用支出的农户有30户，各户总费用支出差别很大，较少的是数百元，较多的达五六万元。治疗总费用在1000~3000元的农户占有费用支出农户的1/3，还有约1/3农户治疗费用超过5000元。从治疗费用报销情况来看，5000元以下的费用，基本是自费，报销几乎可以忽略不计。费用在5000~30000元，农户自费70%~80%，2016年治疗费用最多的一户，总费用6万元，由于此家庭的病人是在铁矿打工时意外受伤致残，除了医疗费还有企业的工伤保险，因此，他自己支付的医疗费用是1万元（见表5-7）。

表5-7 2016年桐滩村样本户治疗总费用（含报销部分）

单位：户

类别	小于1000元	1000~3000元	3000~5000元	5000~10000元	大于10000元
贫困户	8	11	2	4	5
非贫困户	0	14	1	3	6

2016年非贫困户组中有60%（24户）的家庭成员患病需要治疗，其中，门诊治疗7%、住院治疗20%，还有

37% 自行买药治疗。

2016 年非贫困户组中有治疗费用支出的农户有 24 户，各户总费用支出在 1000~14000 元，有一户花费达 10 万元，是因为女主人意外摔伤。治疗总费用在 1000~3000 元的农户占有费用支出农户的 58.3%，还有约 1/3 农户治疗费用超过 5000 元。从治疗费用报销情况来看，基本是自费，报销额度比较低。

贫困户组在小额治疗费用上的农户数量多于非贫困户组，除特殊情况外，两组治疗费用支出差异不大。

三 农户养老情况

农村养老保险缴费标准有不同档次，参保人员可根据自己的经济条件合理选择缴费档次。桐滩村多数人选择每年 100 元的缴费标准。

调研样本户中，贫困户家庭成员共 129 人，符合参加基本养老保险的有 82 人，有 53 人缴纳养老保险，参保比例 65%。年满 60 周岁的 25 人已开始领取养老金，约占贫困人口总数的 20%。其中，22 人领取标准是每人每年 1020 元。

非贫困户组家庭共 116 人，符合参加养老保险的有 67 人，有 39 人缴纳养老保险，参保比例 58%。开始领取养老金的共 25 人，占比约为 22%，领取标准是每人每年 1020 元。

对于"将来养老主要靠什么"的问题，56.2% 的贫困户组被访者选择"子女"，43.7% 选择"养老金"，其中，有约 30% 的人同时选择了依靠"子女"和"养老金"，但有

29.1%的被访者"说不清",选择"个人积蓄""个人劳动"者分别为10.4%、2.1%。贫困户中对于"觉得自己的养老有保障吗"的问题,27.1%(13户)认为"有",8.3%(4户)认为"没有",64.6%(31户)认为"说不清"(见表5-8)。

表5-8　桐滩村样本户养老所依（多选）

单位：户，%

类别	子女	个人积蓄	养老金	个人劳动	说不清
贫困户	27	5	21	1	14
比例	56.2	10.4	43.7	2.1	29.1
非贫困户	21	9	24	11	3
比例	52.5	22.5	60.0	27.5	7.5

非贫困户被访者对于"将来养老主要靠什么"的问题,52.5%的人选择"子女",60%的人选择"养老金",其中,有约37.5%的人同时选择了依靠"子女"和"养老金",选择"个人积蓄""个人劳动"者分别为22.5%、27.5%。对于"觉得自己的养老有保障吗"的问题,52.5%(21户)认为"有",7.5%认为"没有",40%认为"说不清"。

贫困户组将来养老所依的选项中"养老金"、"个人劳动"和"个人积蓄"明显低于非贫困户组,表明该组农户对除依靠子女外的养老渠道缺乏信心。非贫困户组认为"有保障"的比例约是贫困组的两倍。

四　贫困户医疗、养老保障

桐滩村符合参加新农村合作医疗条件的人都参加

了，2016 年参合标准是 120 元，2017 年标准提高到150 元。

桐滩村全面落实农村养老保险金发放、农村低保、五保社会兜底类扶贫政策，以及高龄老年人、重度残疾人、困难残疾人等扶助政策。2017 年，全村有 498 人领取养老金，占总人口比例的 15%。43 人领取高龄优待金，占全村人口比例的 1.3%。12 人领取残疾人补贴（每人 300 元）。47 人在上半年领取低保（下半年人员有所变动），占全村贫困人口比例的 2.5%。23 人领取五保金（每人 4290 元），占全村贫困人口比例的 1.2%（见表 5-9）。

表 5-9　桐滩村养老金、低保发放情况

单位：人，元

项目	养老金		低保		五保		高龄优待金		残疾人补贴	
	人数	金额	人数	金额	人数	金额	人数	金额	人数	金额
桐峪	237	454592	17	7629	11	47190	20	6000	6	1800
滩里	147	145938	11	4536	4	17160	15	6300	1	300
杨家峧	28	28268	9	2567	—	—	4	1800	3	900
皇家庄	24	24399	—	—	3	12870	—	—	—	—
周家垴	9	9345	4	1710	—	—	1	300	—	—
申家峧	34	37455	6	1590	3	12870	2	600	2	600
石暴	19	19138	—	—	2	8580	1	300	—	—
合计	498	719139	47	18032	23	98670	43	15300	12	3600

注：低保统计的是 2017 年前半年发放情况，其他几项是 2017 年全年。

高龄优待金标准：80~85 岁，300 元 /（人·年）；86~90 岁，500 元 /（人·年）；91~99 岁，800 元 /（人·年）。

专栏 桐滩村红白理事厅与老年人日间照料中心

左权县政府从 2013 年开始实施"八普及一创建"工程，即普及农村老年人日间照料中心、太阳能公共浴室、红白理事厅、群众健身场地、文化活动场所、卫生室、幼儿园、垃圾填埋场，创建贫困生救助新模式。

2015 年，桐峪镇政府在原桐峪镇供销社旧址上，根据功能结构整体布局统一规划，投资 10 余万元建起桐滩村老年人日间照料中心（简称"日照中心"）；投资 100 余万元建起红白理事厅，其中，财政拨款 48 万元，桐滩村村委会自筹资金 52 万元。红白理事厅、日照中心位置示意见图 5-3。

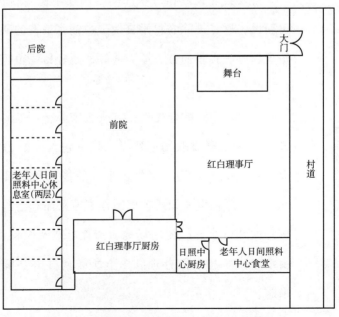

图 5-3 桐滩村红白理事厅与日照中心位置示意

2016 年初，桐滩村村委会为盘活集体资产，计划利用红白理事厅的经营收入补贴日间照料中心，在减少村集体补贴情况下实现日间照料中心的正常运行，于是，将红白理事厅与日间照料中心整体出租给村民郝先生，签订为期两年的承包合同，年承包费用为 7500 元。

一　红白理事厅

2015 年筹资建成的桐滩村红白理事厅，是村民操办红事、白事的一个专门场地，并提供桌椅、餐具等用品。理事厅占地面积约 500 平方米，正厅宽敞明亮，内设礼台，可容纳 40 张圆桌 400 人同时就餐，基本满足村民办红事、白事的需要。

左权县建设红白理事厅的目的在于倡导村民破旧俗、树新风，逐步破除农村婚丧嫁娶中铺张浪费的陋习，做到婚事新办、丧事简办、厚养薄葬，减轻村民负担，促进农村社会和谐稳定。

承包理事厅的郝先生，其收入来源，一是向办红、白事的农户主家收取场地费，二是承包人夫妇为农户主家提供主厨服务费用。租用理事厅的场地和炊具费用每次 200 元，郝先生夫妇还负责制作宴席菜品和主食，劳务报酬每次 800 余元。使用场地所消耗电费及燃料费（甲醇）由承包人承担，而办理红白事所需食材由办事主家自己采购。

最初红白理事厅承租价格是一次 400~500 元，后由镇政府规定将价格定为每次 200 元。近两年，理事厅共承办红事、白事宴席 50 余次，为村民节省租金约 1 万元。

二 日间照料中心

桐滩村日照中心是为村中无人照顾的老年人提供休息与就餐的地方，由食堂和休息室组成。食堂是从红白理事厅隔出的一间，摆放了三个圆桌，可同时容纳 30 人左右用餐。休息室是一栋二层单面小楼，建筑面积大约 400 平方米，共有 14 间 28 个床位。房间内被褥齐全，配有电暖气，老年人白天可在此休息。

2016 年，村委会规定 70 岁以上的老年人均可到日照中心就餐，2017 年条件放宽，年满 65 岁的老年人也可以到日照中心就餐。此外，对于空巢老人、残疾老人、优抚老人、低保老人等低收入人群，日照中心放宽了年龄限制。日照中心成立以来，最多时一天有 18~20 位老人到日照中心。

2017 年初，伙食费每餐 1 元，一般情况下日照中心有 5 位老人前来就餐。这 5 人中，4 人是 80 岁以上的老年人，还有 1 人是 47 岁的张富成。2017 年 9 月开始，年龄在 70 岁以上的老年人收费标准下调为每天 1 元，标准调整后，来日照中心的人增加到 12 人。

来日照中心吃饭的张富成是最年轻的一个，但他因智力问题没有成家，虽不算老年人，村委会照顾他，同意他白天来日照中心吃三餐。

日照中心由省、市两级财政一次性补助建设资金10万元。运行费用依照分类标准实行差别补贴，补贴标准由地方政府根据照料中心规模及服务人数等制定，县级财政负责补贴。根据补贴标准，原则上提供用餐的日照中心，每年补贴2万元。2017年8月补贴额度调整为不低于3万元。

桐滩村为了管理好日照中心，把日照中心和红白理事厅建在一起，由一人承包，并将政府补贴发给承包人以弥补日照中心的费用支出。不过，在调研中，承包人郝先生说不能按时收到补贴，所以，日照中心的三餐支出，都得靠自己垫钱。

图 5-4　桐滩村日间照料中心准备吃午饭的老人

第六章

桐滩村居住生活及保障政策实践

第一节　左权县居住生活及保障政策概述

左权县主要通过易地扶贫搬迁、危房改造以及改善人居环境扶贫行动来保障住房等居住生活条件。

"十三五"期间，左权县易地扶贫搬迁任务总数1804户6077人，其中建档立卡贫困户1364户4038人，同步搬迁440户2039人。通过摸底调查，截止到2017年10月已核准易地扶贫搬迁2279户6137人，其中建档立卡贫困户1507户4065人，同步搬迁772户2072人，包括整村搬迁自然村深度贫困村39个，共656户1854人。

易地扶贫搬迁的补贴标准：集中搬迁人均2.5万元，

同步搬迁人均 1.2 万元。危房改造户均补助 1.4 万元。

为了确保搬迁群众能够稳定脱贫，左权县分类落实后续帮扶工作，对于有劳动能力的搬迁群众，采取三种措施确保他们有事干、能增收：①加大技能培训，整合人社、教育、农业等技能培训资源，优先培训搬迁安置群众，全面提升就业创业能力；②帮扶发展产业，鼓励搬迁群众发展种植、养殖、光伏等项目，帮助他们协调贷款、落实贴息政策；③提供就业岗位，县城物业公司、园林管护、环卫保洁、公交管理等岗位用工向搬迁户倾斜，扩大其就业渠道。对丧失劳动能力的搬迁群众，实行政策性保障兜底，通过落实各项惠民政策和完善社会保障救助制度，确保他们能脱贫、不回流。

改善人居环境从 2014 年开始，左权县将任务确定为群众呼声最高、利益联结最紧密的"五治三改五提升"13 项工程，即五治：治理生活污水、畜禽粪污、房前屋后环境、通道环境和水土流失；三改：改水、改厕、改房；五提升：提升教育、医疗服务、公共文化、社会保障及清洁能源利用水平。

第二节　桐滩村农户居住生活及保障情况

一　桐滩村基础设施

桐滩村的 7 个自然村中，桐峪、滩里、申家峧、石暴 4 个村庄紧邻 207 国道，交通便利，皇家庄、周家垴、杨家峧 3 个村，通村道路主要以水泥硬化路为主。除桐峪、滩里 2 个大村子外，其余 5 个自然村，农户住房完全根据山坡地形修建，错落有致，由此形成村内户与户之间的道路以人行土路为主，这是山区农村典型的村内道路模式。相比之下，桐峪、滩里村因为地形平整，村内道路状况要好很多。镇政府门前南北向的宽阔马路是村内主要道路，马路东边是一排排整齐的住房，无论是旧房翻修还是盖新房，都是在规划基础上修建。马路西边是相对老的房子，分布就比较杂乱。

自然村中，村村都通自来水，不存在饮水困难。村村通电话、通网络。不过，近年由于智能手机的普及，安装、使用固定电话农户锐减。因为信号质量的缘故，农户看电视多以安装卫星小接收器为主。

自然村都没有幼儿园、小学。幼儿园、小学设在乡镇，即桐峪村，因此，5 个小村的适龄儿童上学，有的选择在桐峪村，也有的选择在县城，尤其是申家峧、石暴 2 个村，因位于县城与桐峪镇中间，到县城、到乡镇距离差不多、住房都需要租住，所以，一些年轻家长就选择到县城租房，陪孩子读书。其余几个村，家庭条件稍好一些，或者能力略强一些的，也让孩子到县城读书。

桐滩村有 1 个村卫生室，1 个文化广场（文化舞台），1 个日间照料中心，1 个红白理事厅，村内没有养老院。桐峪、滩里 2 个村内基本普及垃圾集中处置，农户每家厕所都在自己家的院子。全村村容村貌在县改善人居环境工程后有很大改观。

二 农户居住条件

贫困组样本户都有自有住房，农户住房以平房居多，但也有 14.6%（7 户）的农户居住的是楼房。贫困户住房人均建筑面积差距比较大，最小的人均 10m²，最大的有约 100m²。43.7% 的农户住房面积在 50~99m²，16.6% 的在 100~149m²，150m² 以上的有 10.4%（见表 6-1）。将近一半的贫困户对自己的住房比较满意，有 1/3 的农户认为"一般"，14.5% 的农户则对自己的住房"不太满意"（见表 6-2）。

住房修建时间不等，有一半农户的房子是 2000 年后修建或翻建的，另一半农户中，有 13 户的房子超过 30 年，甚至有的已经有 40 多年。之所以如此，主要是因为周家垴、皇家庄等几个自然村早已列入整村搬迁计划，农户基本上在乡镇、县城或建或买了新房，故而不再翻新原有住房。

农户住房建筑材料以砖混、钢筋混凝土材料为主。老房子约占 20%，基本上是土坯房，新房子占 80%，55% 是砖混材料，25% 是钢筋混凝土。

非贫困样本户全部都有自己的住房，有 17% 的住房是楼房（7 户），其余是平房。与贫困户组相比，非贫困户住房建筑面积主要集中在 50~99m²、100~149m²，分别有 50%、27.5% 的农户住房面积属于这两个范围。小于 50m² 的农户数量不多。

50% 的非贫困户的房子是 2000 后新建或翻建的，但也有 25% 的住房是 30 多年前的。住房建筑材料主要是砖混、钢筋混凝土，还有 25% 的房子是土坯房。非贫困户组对自己的住房是比较满意、非常满意的，比例高达 92.5%，明显高于贫困户组（见表 6-2）。

表6-1　桐滩村样本户住房面积

单位：户，%

类别	小于 50 m²	50~99 m²	100~149 m²	150~199 m²	200 m² 及以上
贫困户	13	21	8	5	1
比例	27.1	43.7	16.6	10.4	2.1
非贫困户	5	20	11	3	1
比例	12.5	50.0	27.5	7.5	2.5

表6-2　桐滩村样本户住房满意度

单位：户，%

类别	非常满意	比较满意	一般	不太满意	很不满意
贫困户	4	19	17	7	1
比例	8.3	39.6	35.4	14.5	2.1
非贫困户	4	33	2	0	1
比例	10.0	82.5	5.0	0	2.5

7 个自然村的农户饮用水都是自来水，即使在皇家庄、周家垴这 2 个交通不便、住户已经很少的小山村，也都通有自来水。

贫困户的最主要炊事能源排序为电、柴草、煤炭，有约 40% 的农户使用电，有 33.3% 的农户（16 户）使用柴草，其余 13 户用煤炭。非贫困户使用的炊事能源排序为电、煤炭、柴草，各有约 43% 的农户使用电、煤炭，只有 12.5%（5 户）的农户用柴草，而且是季节性的。非贫困户在炊事能源使用方面好于贫困户。农户最主要的取暖设施是生煤火炉子，可以兼顾做饭与取暖。

贫困户中 81% 的家庭没有沐浴设施，只有 10.4%（5 户）安装了太阳能热水器，有 8.3%（4 户）安装了电热水器。非贫困户中没有沐浴设施的家庭比例约为 57%，明显低于贫困户组，安装太阳能、电热水器的比例分别是 37.5%、4%。

贫困户中 92% 的家庭没有连接互联网宽带，只有 8.3%（4 户）连接了互联网宽带。非贫困户中没有连接互联网宽带的比例是 77.5%，有 22.5%（9 户）的家庭连接了互联网宽带。

贫困户中 39.6%（19 户）的农户对自己家周围的居住环境比较满意，有 39.6%（19 户）表示"一般"，有 18.8%（9 户）表示"不太满意"，分别分布在 7 个自然村，即每个村都有人表示对自己家周围的居住环境不太满意。还有 1 户表示"很不满意"。

非贫困户中 90%（36 户）的农户对自己家周围的

居住环境满意或比较满意，也有个别农户表示"不太满意""很不满意"。

其他生活条件、环境条件方面，贫困户与非贫困户之间没有差别，差别主要体现在自然村之间。①水污染、土壤污染。所有样本户都认为不存在水污染和土壤污染的问题。②空气污染。除了距离207国道很近的几户外，其他农户认为没有空气污染。③噪声污染。由于石暴村、申家峁村紧邻207国道，拉煤大车络绎不绝，这两个村的农户认为有较严重的噪声污染，其他几个村子的农户则认为没有噪声污染。④生活污水排放。桐峪、滩里2个自然村修建了下水管道，每家每户通过管道排放，其他5个自然村的农户，则是随意排放。⑤生活垃圾处理。桐峪、滩里2个自然村是送到垃圾池，其他5个自然村中，生活垃圾是定点堆放，但并没有人处理。⑥厕所类型。桐滩村的7个自然村中，农户所使用的都是传统旱厕，但是在桐峪和滩里村，因为村子比较大，又是乡镇所在地，在村容村貌整治中，每家的旱厕全部改在自己的院子中，在村中很少能见到厕所。而其他5个自然村中，农户的厕所还是农村常见的院外旱厕。

因此，从各方面生活条件看，桐峪、滩里两个村都要比其他5个自然村更方便、整洁、卫生。不过，其他5个村的村民已经陆续搬离，或进县城或到桐峪、滩里，留在村子里多是不愿离开的老人。

三 整村搬迁

桐滩村在2002年由10个自然村合并之时，就开始了易地扶贫搬迁之路。小荫沟、小南峧、墙头岭3个村因村小户少、地处偏僻，最早完成整村搬迁任务，村民绝大多数离开原村，居住、落户在桐峪、滩里或者其他地方。石暴、申家峧等5个小村也有村民陆续搬到县城或桐峪镇，但当时的政策与现在的整村易地扶贫搬迁政策有所不同，当时享受搬迁补贴的农户，仍然可以保留旧房子，所以，就出现这种情况：村里的农户，尤其是两代同堂的农户，年轻一代搬迁到村外，老人还在老村旧房子里生活，因此，这5个自然村便呈现"常住户数量少且以老年人为主"特征，至今各村仍然有十来户农户。

2016年，左权县将易地扶贫搬迁作为打赢脱贫攻坚战的一个重要措施，分批在县城选址建设移民安置小区，鼓励全县贫困村农户搬迁。桐滩村已有农户陆续申请搬迁，有的农户2018年后半年即可入住。

在桐滩村调研中了解到，贫困户每户交1万元，便可以享受人均25平方米住房的政策。[①] 非贫困户同步搬迁则可以按照每平方米1980元的优惠价格购买安居房。不过，此前享受过搬迁补贴政策的人，现在不能再享受易地扶贫搬迁补贴政策。

桐滩村易地扶贫搬迁面临的主要问题是老年人问题。

---

① 贫困户有2口人，交1万元便可入住50平方米的安居房；有4口人，便可住100平方米的房子。

村里现在居住的老年人分两种情况：一是老年人名义上在村外已有住房（多是与子女合建住房）居住，但是，因为在居住地无事可做，便留在老房子处种地，多少能收点粮食、蔬菜，减少部分生活支出。二是贫困户家庭确实没有能力搬迁，搬迁出去后也很难保障生活，即"搬不起"也"住不稳"。正是由于这些人还要在本村生活，不能勉强他们搬迁，所以，5个小自然村实现整村搬迁尚需时日。

除此之外的桐峪、滩里2个大村，在2017年共有8户列入危房改造范围，共得到补助资金11.2万元。

四 生活满意度评价

对于当下生活状况的满意度评价，贫困户组中有18.8%的被访者认为"非常满意"或"比较满意"，有31.2%的人"不太满意"。非贫困户组中有7.5%的被访者认为"非常满意"，62.5%的人"比较满意"，远高于贫困户组；对现在生活状况"不太满意"的仅占10%，表明非贫困户组对现在生活状况满意程度总体上高于贫困户组（见表6-3）。

表6-3　桐滩村样本户对现在生活状况满意程度

单位：户，%

类别	非常满意	比较满意	一般	不太满意	很不满意
贫困户	2	7	21	15	3
比例	4.2	14.6	43.7	31.2	6.2
非贫困户	3	25	8	4	0
比例	7.5	62.5	20.0	10.0	0

纵向比较来看,29.1%的贫困户认为自己家生活与5年前相比是变得"好一些"了,41.6%的人认为"差不多",认为"差一些"或"差很多"的人,有29.1%。对于5年后生活会变得怎么样的展望,有27%的人认为会比现在好,有45.8%的人认为"差不多",有22.9%的人觉得"不好说",还有4.1%的人认为会"差一些"。

50%的非贫困户认为自己家生活与5年前相比变得更好了,37.5%的人认为"差不多",只有12.5%的人认为更差了。与贫困户组相比,非贫困户组改善或维持原有生活水平的能力明显高于前者。对于"5年后生活会变得怎么样"的展望,有25%的人认为会比现在好,47.5%的人估计"差不多",有17.5%的人觉得"不好说",还有10%的人认为会"差一些"。非贫困户组对未来生活的预测与贫困户组相近,并没有表现得更乐观。

与多数亲友的横向比较,45.8%的贫困户被访者认为自己家的生活与他们"差不多",47.9%的人认为比他们的生活"差一些"或"差很多"。"与本村多数人比,你家过得怎么样?",43.7%的被访者认为"差不多",52%的人认为"差一些"或"差很多",只有4.1%的人认为"好一些"(见表6-4)。即约有一半的贫困户感觉生活不如亲朋好友或本村大多数人,相应地,幸福感就低一些。

表 6-4 桐滩村样本贫困户生活评价

单位：户，%

项目	好很多	好一些	差不多	差一些	差很多	不好说
与5年前比，你家生活变得怎样	4（8.3）	10（20.8）	20（41.6）	12（25.0）	2（4.1）	—
你觉得5年后，生活会变得怎样	5（10.4）	8（16.6）	22（45.8）	2（4.1）	—	11（22.9）
与多数亲友比，你家过得如何	—	3（6.2）	22（45.8）	19（39.6）	4（8.3）	—
与本村多数人比，你家过得如何	—	2（4.1）	21（43.7）	21（43.7）	4（8.3）	—

注：括号内为占比。

32.5% 的非贫困户被访者认为自己家的生活与多数亲友比要"好一些"，47.5% 的人感觉"差不多"，有 20% 的人则认为要"差一些"，有 20% 的人认为与本村多数人比，自己家过得"好一些"，67.5% 的被访者认为"差不多"，仅 12.5% 的人认为"差一些"。非贫困户组中有 80% 的农户感觉自己的生活不比亲朋好友或本村多数人差，即所谓"知足常乐"（见表 6-5）。

表 6-5　桐滩村样本非贫困户生活评价

单位：户，%

项目	好很多	好一些	差不多	差一些	差很多	不好说
与5年前比，你家生活变得怎样	4（10.0）	16（40.0）	15（37.5）	5（12.5）	—	—
你觉得5年后，生活会变得怎样	4（10.0）	6（15.0）	19（47.5）	4（10.0）	—	7（17.5）
与多数亲友比，你家过得如何	—	13（32.5）	19（47.5）	8（20.0）	—	—
与本村多数人比，你家过得如何	1（2.5）	7（17.5）	27（67.5）	5（12.5）	—	—

注：括号内为占比。

第七章

结论与启示

山西省左权县桐峪镇的桐滩行政村由 7 个大小不等、距离核心村远近不同的自然村组成。2016 年，桐滩村共1342 户，总人口 3268 人，其中，建档立卡贫困户 744 户，贫困人口 1874 人。根据户数计算的贫困发生率为 55.4%，根据人口计算的贫困发生率为 57.3%。

桐滩村致贫原因主要有三个。一是农业资源缺乏。与全县地形特征类似，桐滩村也是山大沟深，石多土少，农业地理条件差。户均耕地不足 3 亩，人多地少，且主要是山地，分布零散，很难进行规模种植，直接制约种植业发展。二是产业单一。全村以农业种植为主，没有第二产业，第三产业主要是为满足村民日常生活需求的小饭馆、日杂商店等小规模传统服务业。三是劳动力技能较低。就业机会、就业层次不高，主要以在乡镇附近打零工为主。

课题组本次调研样本户总数 88 户，其中，贫困户 48 户，非贫困户 40 户。对样本农户进行分析后发现，主要致贫原因有三个方面。第一是因病致贫，约 30% 的贫困户样本因病导致医疗支出增加、收入减少。第二是缺少劳力，25% 的贫困户是缺乏劳力所致。劳动力不足的贫困户，主要特征是户主年龄偏大，23% 的贫困户户主年龄超过 64 岁。一般来说，大于 60 岁的应该不算劳动力，但是，在农村，一方面是大于 60 岁的男性、女性，只要身体允许，都还在劳作；另一方面，由于子女与父母分户，老年户数量比较多，因此表现出缺劳力的特点。第三是因残致贫，14.6% 的贫困户是由残疾导致。这里的残疾，既包括先天残疾，也包括后天事故导致的残疾；既包括身体残疾，也包括精神残疾。在桐滩村，因学、因婚、缺技术、缺资金等因素导致的贫困农户所占比例不高。

桐滩村的农户抽样调查结果，既与当前农村主要致贫原因基本一致，也与当地干部群众说法吻合。大多数基层干部与村民说，现在的贫困户主要是家里有老弱病残，如果身体健康，除非自己不愿吃苦不想干活，否则都不会是贫困户。

2016 年，左权县为打赢脱贫攻坚战调整了扶贫思路，确立"两步走"的脱贫规划：第一步，2018 年全县贫困人口全部脱贫，贫困村有序退出，贫困县"摘帽"，实现本质脱贫。第二步，"摘帽"后两年，继续巩固脱贫成效，确保到 2020 年稳定实现全县农村贫困人口"两不愁三保障"，保持生产生活稳定增长。

为了完成精准扶贫精准脱贫规划的第一步目标，确保2018年底全县贫困人口全部脱贫。2016年，左权县出台脱贫攻坚实施方案，根据本县具体情况，将"五个一批"脱贫措施细化为五大工程12项行动，并提出了旨在强化帮扶的"结对帮扶共建工程"3项行动，以及改善基础设施的"基础能力改善工程"9项行动。

桐滩村是一个典型的山区村庄，山高沟深、土地贫瘠，家庭农业经营纯收入每年不足5000元，无法依靠农业经营脱贫致富，因此，桐滩村在县、乡两级政府的领导下，积极推进脱贫攻坚工作，选择发展核桃、中药材等产值较高的特色农产品，发展猪、鸡、羊的规模养殖，积极探索乡村旅游扶贫。产业扶贫是根据本村资源状况与农业经营传统，重点发展核桃、中药材和规模养殖等种养业；建设110kW集中式光伏电站项目；规划发展乡村旅游业。同时，实施易地搬迁、危房改造、饮用水、通道环境等人居环境改造，落实教育、健康医疗等公共服务扶贫政策。

通过实施精准扶贫政策，桐滩村有所变化。首先，由主要种植玉米等传统作物发展到有核桃、中药材等特色产业，养猪业向规模化发展，为产业兴旺奠定了基础，拓展了贫困农户的收入来源，并增强了他们的生产能力。其次，桐滩村因病、因残、因老弱致贫的农户通过医疗扶贫、低保等政策得到了保障，贫困户子女教育也得到保障，实现"两不愁、三保障"。最后，桐滩村的村容村貌、老年照料、红白事移风易俗有了显著变化，农民生活满意度很高。

桐滩村多措并举、多管齐下推进脱贫攻坚工作的努力对同类村庄有一些启示：在区位条件、资源禀赋都不具备优势的情况下，应基于本地的比较优势，选择进入门槛低、风险小的种养业以及加工等产业，并通过龙头企业、专业合作社或能人扩大产业规模、延长产业链条、辐射带动更多贫困农户；对于因病、因残、年老体弱的贫困人口，则是应保尽保，通过社保进行兜底；在村庄基础设施、公益事业设施建设方面，以生态宜居为目标进行建设和环境治理。

附　录

人物深度访谈

人物访谈 1　黄家三兄弟的窘迫生活

受访者：黄老三

时间：2017 年 2 月 13 日下午

地点：石暴村黄老三家

访谈者：李绍林、白婷

　　2017 年 2 月 13 日下午，我们走进太行山山区的石暴村，开始农户调研。小山村背靠大山，紧邻 207 国道，从国道到山脚下大约 300 来米，村子顺着公路也就 600 多米长。国道上拉煤的大卡车来来往往，鸣笛声不断，给小山村增添了现代化气息。我们进村时刚好看到一位中年男子靠墙坐在石头上，陪同的王镇长上前询问他的姓名，得知他叫黄老五。我们向他讲明来意，恰巧他也在我们的入户调研名单上，于是我们就先去他家开始访谈。黄老五对我们很热情，积极地给我们介绍村子里的情况。他领我们这组到家后，又带另一个调研小组去了别的农户家，我们对他哥哥黄老三进行了深度访谈。

　　黄老三，男，1969 年出生，上过小学，未婚，与母亲、大哥、弟弟生活在一起。

　　问：请谈谈你们家的基本情况。

　　黄老三：家里兄弟五个，我排行老三。老二结婚后就和我们分了家，现在在桐峪村住，老四已经不在了，现在家里是三兄弟（老大、我、老五）和81岁的老母亲。

1979年，我父亲去世，家里就全靠母亲和大哥（当时24岁），老五也长大后，母亲就改嫁到外地，户口也迁走了。前几年，母亲的老伴不在了，我们就把她接回来一起生活，但户口没有迁回来。

大哥今年62岁，我48岁，老五43岁，兄弟三人目前都单身。（我们去那天老大去亲戚家了，没有见到。）

院子里的三间砖瓦房是1997年盖的，当时花了2万多。（看着不算太旧。）现在我们兄弟三人和母亲一起住在这里，平时也都一起吃住。冬天家里靠炉子来取暖，也不冷，到夏天就烧柴火，有时也用电。（我们刚进他屋子时，炉子里烧的是煤渣之类的，火并不旺盛，感觉不到暖和，我们进了屋里，他才把炉火弄了弄，添了点碎炭。）

问：现在家里有多少地？你家庭收入和支出如何？

黄老三：兄弟三人每人有0.6亩地，因为我们村紧挨着山，地也都是山地，石头多、土层薄，粮食产量本来就不高，加上经常有山猪祸害庄稼，一年下来收不了多少粮食。家里这1.8亩地主要种玉米，收的玉米部分磨成玉米面留着自己吃，部分用来换白面。每年地里的收成差不多刚够全家吃一年。平时很少买肉，夏天主要吃自己种的蔬菜。白面买的也不多，平时主要还是吃玉米面，蒸玉米面馍馍或者做成面条等其他花样换着吃，吃喝上一年也花不了多少钱。不怎么买衣服，其他的花费也很少。

家里还有30棵核桃树，去年核桃价格不高，每斤5~6

块钱，2012 年、2013 年行情好，一斤能卖15 元，2014
年降到7元/斤。（这几年山西省有多个地区推广核桃种植，
核桃供给量明显上升。）

除了种地，卖点核桃，我和大哥也会去山里将连翘。
2016 年卖连翘收入大约2000 元。夏天上山去将连翘，经
常会碰到蛇，连翘也比较湿嫩，冬天去将的话，虽说不用
担心被蛇咬，可是山上剩下的连翘也不多了，所以，将连
翘也是没准的活。2016 年连翘干的能卖20 元/斤，湿的
卖4元/斤。将连翘时要把树枝撇下摘连翘，村里现在去
撸连翘的人比以往多了，几年下来连翘树都没有以前茂密
了……

我家里还养了27 只鸡（25 只母鸡、2 只公鸡），年
底的时候邻居到县城住去了，就把他家的鸡给我了，刚养
不久，还没卖过鸡蛋。以后打算再多养一些鸡，可以卖
鸡蛋。

（听申家岐的人说，黄老大家有台磨面机，周围村子
里的人都来他家磨面，能够收取一些加工费，但黄老三在
与我们的交流中并没有提到。）

**问：你家什么时候被定为贫困户的？有享受过哪些帮
扶措施？**

黄老三：我不知道什么时候被定为贫困户，好像是
2016 年签字确认的。（经过我们的再三追问才回忆起的。）
村里应该没有什么扶贫项目，我不清楚。反正对我家的扶
贫措施是没有，也没有什么帮扶联系人。

（黄老三的弟弟黄老五对我们很热情，我们在石暴村

的这一天半的时间里，他一直陪着我们，给我们介绍村里各户的情况，当我们的中间人。他跟我们说，他觉得针对他们自然村的扶贫措施不明显，去外头打工也不好做，希望能有一些优惠政策，比如在村里土鸡养殖等。）

问：你家里兄弟三人都有劳动能力，但被定为贫困户，跟我们说说你家里贫困的原因？

黄老三：在我记忆中我家一直就很穷，父亲在我10岁的时候就去世了，我对他都没有很深的印象。父亲去世后留下母亲和我们兄弟5个，大哥当时24岁，二哥16岁，他们俩还能帮着母亲照顾我们，但我们的日子过得比较苦，经常有上顿没下顿。四弟身体不好，不久也去世。

二哥比较能吃苦，也有本事，成年后他娶了媳妇和我们分开住。我们长大后，我母亲改嫁到外地，就只剩下我们哥三个相依为命。

（在和黄老三交谈的过程中，问到以前的一些事，他好多都说记不太清了，一方面可能是时间久了，有些事件和时间他确实记不太清了，但还有一个原因是他其实不太愿意去回忆从前的事。）

我和大哥主要在村里种地，老五经常在外头打工，年底会回来，有时候赚得多，有时候也赚不了多少，家里也一直没有多少积蓄。

之前家里太穷，我们三个都找不下对象，单身了好多年。我大哥50来岁时（2005年左右）结了婚，娶的是一位离过婚带孩子的女子。结婚后大嫂经常生病，给大嫂看病前前后后花了不少钱，没多久（婚后两年左右）大嫂就不在了，料理后事又花费了一些钱。

从大哥结婚到大嫂去世的这几年，家里的情况没有好转。过了两三年，老五娶了媳妇（2008 年前后），不到一年，他媳妇也开始生病，病了几年也不在了。老五结婚、给媳妇看病，前后也花了些钱，情况就更不好了。

2011 年前后，听人说蝎子卖的价格很高，那时新闻上也经常说靠养蝎子能挣钱。我们就凑了 1 万块钱开始养蝎子，但是，养的蝎子都死了，赔了 1 万多。

后来老五买了辆四轮车，跑车赚点钱，但是前几年（2013 年左右）送舅舅时出了事故，舅舅没了。当时答应赔舅舅家 8 万元，后来因为家里实在拿不出钱，只给了不到 2 万元，舅舅家儿子比我们有钱，也没再跟我们要，我们也还一直没再给。主要是我们也一直不宽裕，等我们有了钱还是要给还的。

2014 年老五又谈了个对象，经常和对象出去吃喝，后来也没在一起。2016 年老五在外地打工，给人开车，车又出点小故障，工资也没拿到。

这些年遇到的都是不顺的事。

问：你出去打过工吗？

黄老三：五年前（2012 年）我在矿上打过工，干了 3 个月后矿关停了，之后就回到村里。在矿上工作之前曾跟着二哥修附近的水泥路，管吃管住，当时一年能挣 1 万多元，那时候的收入我很满意。修水泥路的活也就一年多，那段路修完之后就没那么好的活了。2016 年我在县里洗浴中心打过工，但可能因为我不会讨好老板，没干多久就被辞了。由于我现在也上了年纪，出去打工也找不下合适的活，只能在村里待着。现在没有当时修路那几年赚得多，日子也没以前过得好了。

问：有想过找个对象吗？

黄老三：没想过，大哥和五弟都找过，过得也并不幸福。一个人能把自己照顾好就行，多个人还得多操心。

问：你对以后有什么想法？有想过养老的问题吗？

黄老三：唉，以后哪能知道，钱不好赚，走一步看一步吧。

（据村里人说，黄老三他们兄弟不太勤快，平时也不怎么下地干活，所以家里才穷。在我们看来，黄老三的人生态度是得过且过，安于现状，他的生活没有盼头，所以就没有动力去努力劳动。）

人物访谈 2　贫困的代际传递何时中断？

受访者：张南凤
时间：2017 年 4 月 18 日下午
地点：桐峪村张南凤家
访谈者：刘泽华、白婷

　　从镇政府门口往南走约 100 米的一条巷子里，有一户人家与周边房子不同，一是院墙是土墙且有坍塌，院子外边可以看到院子里；二是大门比周边人家的都小，且是有点破旧的木门。走进院子，三间正房的墙面陈旧，一看就是有年头的房子，院子的东边还有一间厢房略新一点，院子中有一半的地方堆满了纸箱、塑料瓶、树枝等一些杂物。在大门东边的角落里搁着一个小炉子，上面放着一个炒锅，地上还有未烧过的柴禾，这是六旬老人张南凤的家。坐在院子里，在问答间，我们渐渐地了解了她家的情况。

　　张南凤出生于 1957 年，今年（2017 年）60 岁，娘家在离这里 20 多里地的一个村子。家里兄弟姐妹七个，她排行第四。小时候家里人口多，条件不好，经常吃不饱，也没有好好念书，各自长大成家后，也都是庄稼人，过得并不富裕。

　　她 22 岁那年（1979 年）嫁给桐峪村的老褚，婆婆在嫁过来前已经不在了，当时家里有公公、小叔子、小姑子，共五口人，婚后不久就分开过日子。

张南凤自从结婚后，就一直住在这个院子里，现在住的房子大概是 1977 年前后盖的（院子里朝南的房子有三大间，大约 60 平方米，东面一间 25 平方米左右），后来简单翻修过正面墙面、换过门窗。

2000 年她丈夫老褚觉得身体不舒服，到医院检查发现血压高，当时他们以为是翻修房子时累着了，虽说医生给开了些药，但因为刚翻修房子家里没钱了，也没太当回事，就没坚持吃药。2002 年正月十八那天，老褚去帮村里搭戏台，中午吃饭时，不见人回来，正准备让儿子去叫回来，突然听见有人喊"张南凤，你当家的出事了……"村里人急忙把他送到县城医院，在医院输液治了 10 天后才清醒过来。原来那天老褚从戏台上跳下来，在回家路上摔了一跤后就晕过去了（脑出血）。一个多月后，他能下地走动但不能再干重活，从此，家里家外的重活苦活就靠张南凤一个人来做。这种比较辛苦而又平淡的生活持续了九年，后来老褚的身体越来越差，在床上瘫了一年多，2012 年 5 月去世。

最让张南凤操心的是她的一双儿女。

儿子小褚 1981 年出生，今年（2017 年）36 岁，先天性脊柱侧弯①（俗称"罗锅"），小褚的脊柱弯曲很严重，一眼就能看出他上半身扭曲、偏斜，后背两侧明显不平，两边肩膀高低不一。由于身体不好，小褚上完小学后就一

---

① 严重的脊柱侧凸可以使胸廓随之形状改变，胸腔内脏器，尤其是肺的运动受到干扰和限制，影响肺的呼吸功能，部分严重侧弯患者出现呼吸费力就是这个原因。

直在家待着，也不能干重活。

　　尽管自家家庭条件不好，儿子身体状况也不好，张南凤老两口还是很操心孩子的终身大事，想让他娶媳妇成家，将来也好有个人照应，于是四处托人张罗说媒。小褚24 岁那年，有人介绍龙泉乡那边有个姑娘比较合适，老褚就带着儿子去相亲。小褚说："相亲见面时，她坐在一旁不说话，看不出有什么大问题，比较满意，当下就同意了"。结婚时给了女方8000 元彩礼，女方陪嫁的是彩电和三件家具，凑了个"四件套"。可是，结婚后才发现媳妇是比较严重的脑瘫，做饭、扫地等简单的家务活都不会干，每天就只会吃，还挑好的吃。原本想着娶个媳妇能帮着照顾儿子，没想到适得其反，媳妇还需要张南凤母子来照顾。儿媳妇之前被认定为三级残疾，今年（2017 年）重新认定为二级。小褚说，二级残疾每年可以领1000 元的补助。

　　女儿小丽，1987 年出生，今年30 岁，也是小学毕业。2008 年嫁给杨家峻村的小桑，自己家的户口本上有两个孩子，女儿10 岁，小学三年级；儿子9 岁，小学一年级。2007 年左右杨家峻村开始有移民搬迁时，婆家就搬迁到滩里村，盖了二层楼房，但装修很简陋（她哥哥说，她家的二层楼房和别人家根本没法比，就仅仅是个楼房，没有装修也没有家具）。

　　小丽的婆婆去世得早，公公还住在杨家峻村，由于她体弱多病，平时来娘家这里多一些。今年春节后刚做了手术，还需要母亲照顾，加之娘家这种情况，也需要女婿帮忙干些重活（我们调研开始一会儿，女婿就进院子了，他刚从外面干完活回来）。女婿小桑前几年在杨家岭的矿上打工（铁矿），矿场关停后，就到周围乡镇或县城打零工，基本上是工地上的苦力活。春节后媳妇小丽做手术，就没出去。刚好乡镇今年招批护林员，小桑就去当护林员，一年工资大约 3000 元。

小丽实际上生过三个孩子，第三胎是女儿，今年 4 岁，因为哥哥没有孩子，所以就把孩子过继给哥哥。手续却并不好办。小丽生第三胎时，属于超生，计生办要罚她钱，她说孩子过继给哥哥了，可是，哥哥和嫂子这种情况又不符合领养资格，加之当时孩子是在家里出生的，没有出生证明，所以，现在孩子无法上户口。

这个 4 岁的小女孩，叫香香，是一个可爱又让人心疼的孩子，在亲生父母那里属于超生，无法上户；过继到养父母这边（即舅舅、舅妈），又是这样一种家庭环境，她奶奶说，她妈（养母）根本不会带孩子，常常和孩子抢零食，所以，小香香几乎不靠近她妈，总是依偎在奶奶身边。在访谈过程中，她看到我们拿笔写字，自己也拿出铅笔和书要写字，尽管不会写，但非常认真。

眼看着这个 4 岁的孩子靠在年迈的奶奶怀里，我们不由自主地担忧她的未来。现在，小香香主要依靠奶奶，甚至这个家庭都是靠奶奶在支撑着，随着奶奶日渐衰老，小香香的生活会是什么样子，她有能力中断贫困的传递吗？

人物访谈 3　公路边小卖部的两兄弟

受访者：曹家兄弟

时间：2017 年 2 月 14 日下午

地点：曹家的小卖部

访谈者：李绍林、白婷

　　2017 年 2 月 15 日，我们走进紧邻 207 国道的申家峁村的曹家，开始与曹家兄弟俩聊天。

　　哥哥 1980 年出生，37 岁；弟弟 1982 年出生，35 岁，已婚。

　　问：请谈谈你们家的基本情况。

　　弟弟：家里有母亲、哥哥，还有我、媳妇和孩子共五口人。母亲前几年得过脑梗，腿受影响，走路不利索。哥哥从小身体就不太好。母亲和哥哥这种情况，地里、家里都需要照应，没有办法分家，所以，我虽然结婚后户口和母亲、哥哥分开了，但实际上有些事还是在一起，分不开。

　　家里总共 4 亩地，母亲、哥哥身体不行，地就没有分开，还是在一起种，打下粮食也是在一起，平时就一个锅里吃饭。

　　家里的房子是 2007 年盖的，那时父亲还在世，当时盖房子花了不到 3 万元，主要是靠亲戚邻居来帮忙干活，不需要出工钱，只要花材料钱就行了（父亲 2014 年因病去世）。

问：你以前在外面打过工吗？现在还打工不？

弟弟：我是在桐峪上的初中，初中毕业后就开始在外头打工，一直是打零工，没有固定的地方。2009年结婚后，就在县城打工，现在孩子刚9个月，要和媳妇一起照顾小孩，加上陪哥哥去看病，家里也离不开，去年只打工约四个月，没挣多少钱，大概就4000多元吧。媳妇也没有出去打工，主要就在家里看孩子。

问：哥哥的眼睛不太好？

弟弟：我哥的眼睛因为有病，5岁的时候就摘了眼球，安上了义眼，安上义眼后也需要定期复查，最近几年就常去河北邢台看病，邢台有家专科医院。2016年又去换义眼，花了大概6000元。我哥的眼睛属于残疾，但是只能拿到三级残疾证，没什么用，二级残疾证才有用。

问：去年（2016年）看病花费大约有多少？

弟弟：哥哥到邢台换义眼花了大概6000元，母亲因为得过脑梗，腿疼，每年都要输液，去年春天和冬天输液，加上生病吃药一年也得花5000多元。

问：现在村里好多人家都搬走了，作为年轻人，也去外头打过工，你愿意离开吗？

弟弟：我还是愿意留在本村，我觉得我们的山很好。农村人就是农村人，离不开土地。进城是好，年轻时能靠打工，老了怎么办？还得回到农村。不过现在村里最大的问题就是没有小学，以后孩子上学是个问题……

我认为政府应该扶持一些企业在我们村的山上搞养殖，比如养牛、羊或猪，这样我们都可以去那儿上班，或者给一些优惠政策，帮我们承担风险，让我们养。

（其实申家峧村周边的山是被一个较大的企业承包搞绿化，给村子里交了承包费，已经没有地方来养殖，加上本村周边的山都比较陡，并不具备较好的养殖条件，且距本村不远的周家垴村已经有了规模化的养猪场。我们问曹家弟弟有没有去周家垴了解那里的养猪场，他说只是听说搞得很大，但还没有去看过。）

因当天下午天色已晚，我们的农户问卷填写完之后便离开了申家峧村。第二天上午，我们又走进小卖部和曹家哥哥进行了长谈。

问：请说说你的人生经历吧。

哥哥： 我从小身体就不好，5 岁腿摔折了，现在走路腿都不方便，也不能干重活。后来左眼又得病，做手术摘了眼球，安上义眼。13 岁的时候，右眼也看不清东西，检查说是青光眼，又做手术。但后来又复发，在左权县城看过，说不好治，只能靠吃药，两只眼睛之间会传染，现在看人也看得不是很清楚。

我初中没毕业，十几岁时在砖厂拉过砖，可是实在拉不动，干了一个月就没再干。之后就没再打过工，我去过的最远的地方就是邢台市，每次都是去看病。以前看病都是父亲陪着看，父亲去世后就是弟弟陪着。父亲在时，地里全靠他，他很能干。

因为家里靠近公路，十几年前开了这个小卖部，开始的时候，村里人比较多，生意还不错。后来因为村里的小学撤了，有孩子要上学的人家就搬到左权县城或者桐峪镇住了。人越来越少，就不好卖了。现在也就烟和酒还能卖得动。小卖部是小本生意，一次不能进货太多，进太多的话，东西过期就被查收了。

问：207 国道经常堵车，堵车时能比平时好卖吧？

哥哥：堵车时会比平时好一点，但堵车时，其他村的人、村里其他人也会上路卖东西，所以也并没有很好。

（小卖部紧邻公路，路上来来往往的大卡车很多，但因为这段路是下坡路，很少有司机停下车进来买东西。我们访谈的约两个小时内只有一个人进来买过两包烟。）

我弟弟初中毕业后就在外头打工，他去过的地方比较多，他什么都干，没有固定的地方，前几年的时候需要家里给他补贴，后来就不需要了。2009 年他结了婚，彩礼给了 2000 多元，不算多。我弟媳是拐儿镇的，她也没有要求在县城买房子。他结婚后我们也没有分开，他赚的钱自己花，赚多少我不是很清楚，他有了也会给母亲一些，没了也从家拿，我们分得不是很清。

家里的承包地除了种玉米外，还种点菜，一年也不怎么买菜吃，食品开销主要是买油，我家人多吃油也多，一个月 10 斤都不够。

我们村的地不好，到处都是石头，锄头都能磕了。山上还有山猪，祸害庄稼比较厉害。每家的承包地也不多，一年地里收不了多少钱。以前山里不管，上山砍柴可以卖钱，都能够一年的吃销，现在也不让砍柴了。

问：你知道你家什么时候被定为贫困户吗？

哥哥：因为我从小身体就不好，我家一直都是贫困户。最近一次贫困户确定村里应该是贴过榜，记不太清了，我是没有签过字，可能老二去签过吧。

贫困户具体怎么个确定法我不清楚，家里没有见过建档立卡的贫困卡。具体的帮扶人我不知道，去年有人来过，记了我的手机号，按家里人口一人给发一袋面，说是晋中技术学院的。

问：你觉得你家贫困的主要原因是什么？

哥哥：小时候家里就很穷，父亲一个人供全家 7 口人，那时候家里连 5 块钱都拿不出来。弟弟上学每次只给他几毛钱，别人家都给几块钱，后来都供不起了。2000 年后我俩都不念书了，家里状况稍好些。父亲一直比较勤劳，能吃苦，给我们盖了房子。

但是好了没几年家里人就又开始生病，母亲 2007 年左右脑梗，后来越来越严重，去县里医院住了 20 多天，花了不少钱。

父亲 2012 年底检查出得了膀胱癌，2013 年春季在榆次市中医院做过一次手术，花了三万多不到四万元，手术后不到一年，2014 年初去世了。父亲做手术花的费用，因为是在市里的医院住院，所以报销得不多，才报销了大概七八千元。当时看病住院跟姨姨、舅舅等亲戚借了 2 万多元，家里情况从那时起就不太好了。

我的眼睛每隔三五年也得换，每次都去邢台的医院，去一趟花两万多元。新农合能报销一些，不过 1 万元能报 2000 多元，大部分报销不了。家里这几年连续看病，赶得太紧，一下缓不过来。

问：你觉得怎么样的帮扶措施切实可行？

哥哥：不好说，现在也没什么真正的帮扶措施，看病这块能帮到就好了。

问：你觉得村子这些年最明显的变化是什么？

哥哥：就是人越来越少了，小时候人多，一个院子住好几家人，人多房少。1990年之后房子盖得逐渐多了，但人渐渐少了，我记忆中最多时村里有50多户人家。

原来村里有小学，一到四年级的孩子可以在村里读，到五年级就得去其他地方读了，后来小学撤了，那就只能到镇上或县里租房子上学。

问：村里还唱戏吗？

哥哥：村里戏台一直在，每年都会唱，唱个两到三天，下午到晚上唱，大家也都去听。戏台小，大戏唱不起，只能唱一些小戏（就是人数少的剧团来唱的戏），豫剧、晋剧之类的。唱戏的时候小卖部生意也不好，戏台下就20来人看戏。但每年还是要唱的，给村子的庙里供奉的关公唱。

村里有本事的人都走了，不过在县城买房的人不多，大部分都买不起，村支书在县城还是租的民房住。

问：村里有上学的大学生吗？

哥哥：村里也有几个大学生，听说也有读研究生的。

问：你对未来有什么想法呢？

哥哥：没啥想法，我眼睛不好，什么都干不了。每天在家也没意思，眼睛不好电视也不能多看，每天就坐在小卖部。同龄人大部分外出了，有时候他们回来我也不愿和他们聊。

问：有没有尝试着找个对象？

哥哥：村里也没有合适的对象，去外头才可能碰上合适的，不出去在村里待着根本找不到，但我眼睛不好又出不去，村里除了我还有兄弟两人都 50 多了也还没有结过婚。

问：弟弟家的孩子过两年得上学，是不是也得去城里？

哥哥：要去，但买不起房啊。亲戚也都没钱，贷款也还不了……

人物访谈 4　乐观坚韧的乡村妇女

受访者：陈喜籽

时间：2017 年 2 月 13 日下午

地点：石暴村陈喜籽家

访谈者：刘泽华、安文静

陈喜籽，女，1949 年出生，69 岁，小学文化程度，有二子一女。长子大陈 1968 年出生，49 岁，先天性失明与智力障碍，无自理能力。女儿，1976 年出生，42 岁，现租住在桐峪村。小儿子 1980 年出生，上海某大学博士毕业后留在上海。

陈喜籽的亲属：丈夫陈用来，双胞胎盲人舅舅桑海祥、桑天祥，盲人哥哥陈喜兆，盲人弟弟陈喜庆、陈献庆。

2 月 13 日下午，我们由村民大黄带领走进了陈喜籽家，她家的砖瓦房从外面看上去还比较新，进屋后发现还有两位串门的老人，一位是大黄的母亲，另一位是表情迟滞的赵金鱼老人（村里的一个低保户）。陈喜籽的大儿子盘坐在床上，不时摆动着手臂，满脸笑容。陈喜籽老人则拿出家里过年准备的干果热情地招呼我们。

陈喜籽生长在一个特殊的家庭，由于遗传原因，她们家三代十二口人中有六人是先天性双目失明，她的双胞胎舅舅是盲人，她的哥哥是盲人，她的两个弟弟是盲人，她结婚后所生的第一个儿子也是盲人。陈喜籽是这个特殊的大家庭里重要的支柱。

陈喜籽出生于1949年，15岁那年（1964年）母亲因病去世，两个舅舅、一个哥哥和两个弟弟共五个盲人的家庭生活重担就落在父亲和她的肩上。18岁时（1967年）陈喜籽嫁给在本村当出纳的陈用来，本以为人生从此能有一个美好的转折，但是伴随大儿子出生的并非喜悦与幸福，而是一声叹息。这个儿子与他的舅舅、舅爷一样，也是先天性失明。更令人悲伤的是，随着年龄的增长，儿子逐渐显现出智力障碍。陈喜籽的家庭生活中又多了一个需要她照顾的亲人。

1988年与她一起分担生活重担的父亲去世，丈夫陈用来就成为陈喜籽的唯一依靠。夫妻二人起早贪黑辛苦劳作，但家里还是常有揭不开锅的日子，需要靠婆家亲戚们接济。虽然陈用来后来先后当过村里会计和大队支书，但对家境没有多大帮助，家庭开支时常捉襟见肘。

陈喜籽六个盲人亲属中，有五人都曾参加过左权县盲人宣传队，其中，她的双胞胎盲人舅舅1948年就参加了左权盲人宣传队，直到年龄大、身体不太好时退出宣传队。二弟陈献庆是盲人宣传队里的名人，体重140公斤，大家都叫他"肉三"（音），他在音乐方面颇有天赋。他是盲人宣传队里的主唱，又是队里的"定音器"，乡亲们都称他为"鼓王"，他还被浙江电视台主持人亚妮称作"伟大的艺术家"。2005年之前左权盲宣队一直都没有稳定的收入（左权县从2005年开始，每年给予盲宣队1万元的资金补助，给队员们交养老保险、发低保补贴），但是宣传队里有严格的工分制度，演出的收入按工分分给每个人，已经退休的盲艺人也能分到一些。虽然盲宣队的工资并不高，但也能帮陈喜籽减轻一些负担。

陈喜籽的两个盲人舅舅桑海祥、桑天祥分别于1992年、2000年去世，她的哥哥陈喜兆1998年去世，八年里先后送走三个盲人亲人。虽然情感上很舍不得亲人的离去，但客观上她的生活重担略有减轻，生活条件也慢慢好转，之后，她便筹划着攒钱重修居住了几十年的老屋子。可就在陈喜籽对未来充满憧憬的时候，命运再次给了她一个沉重打击，2003年丈夫陈用来因突发脑溢血不治离世。丈夫去世不到一年，女婿又因食道癌去世了，女儿带着一双幼小的女儿和肚子里的遗腹子，回到娘家投靠她。

接二连三的不幸再次把陈喜籽拉进生活困境中，她不仅要做照顾两个盲人弟弟、一个盲人儿子的饮食起居等家务，还得起早贪黑去种地，农闲时还要到山上去背柴。一个五十出头的女人要做三四个劳动力的活，忙忙碌碌的生活让她没有时间悲伤、抱怨。乐观坚韧的陈喜籽有时甚至觉得自己是幸运的，庆幸老天至少给了她一双能看得见的眼睛，让自己有能力去担起这个家庭的重担，只要弟弟和孩子们能好好活着，自己受再多的苦也是值得的。

2007年大弟弟陈喜庆去世后，陈喜籽又有了盖房子的念头，她用省吃俭用攒下的4万块钱和向亲戚朋友们借的3万块钱，修好了现在居住的房子。回想起以前的日子，虽然很苦、很累，但是一家人团团圆圆、热热闹闹的场景也让她很怀念。两个舅舅、一个哥哥、两个弟弟虽是盲人却能吹拉弹唱，在艰难的日子里，倒也不乏欢声笑语。陈喜籽自嘲地说："天底下怕也没有第二个了，谁能活成我这样啊。"

令陈喜籽骄傲的是她的小儿子小陈，这个儿子不仅身体健康，而且从小学习成绩优异，在省会太原读完大学后，到上海一所著名大学读研究生，直到博士毕业，留在上海工作。

作为全家人的骄傲，小陈在学习历程中得到了亲人们的鼎力帮助。20世纪90年代小陈的三个舅舅在宣传队每人每月有70元左右的工资，三兄弟都把钱交给陈喜籽，全家人节衣缩食来供儿子读书，大弟弟陈喜庆甚至不顾县宣传队的规定，偷偷跑出去给人算卦，就为能多挣一点钱给家里。

小陈原计划2009年"五一"回老家来结婚，三舅陈献庆原来答应要为他的婚礼唱上三天三夜。可陈献庆最终没有完成这一本应是他人生中最开心、最幸福的演出。由于生病，他的健康急转直下，不久就去世了。小陈不得不推迟婚期回来协助母亲料理三舅的后事。那时，全国各地还来了不少文化界人士参加陈献庆的葬礼，浙江电视台主持人亚妮也为此拍摄了专题片。

2010年2月9日，陈喜籽终于迎来了她人生中最大的一件喜事，对这个偏僻的小山村、对每一个知道陈喜籽苦难经历的人来说，都是一件大喜事——她的小儿子终于要结婚了。虽然小陈的三个舅舅都已离世，他们家已没有亲人在盲宣队，但是县盲宣队其他"舅舅"们早就准备好了，他们要在这个婚礼上好好地吹打一回。盲人宣传队曾在陈喜籽家吹唱过好几次，唯独这一次是为喜事而来，他们希望能把所有的苦难都吹走，希望能给陈喜籽家带来幸福。

如今，已在上海定居的小儿子希望母亲带上哥哥和他们一起生活，但是，陈喜籽不愿到大城市给小儿子增加负担，小陈也很孝顺，知道自己劝不动母亲，经常抽空给家里打个电话，有空就会回来看望母亲，每年家里收核桃、过年的时候都会在家里住一段时间。

现在，陈喜籽的收入主要有：家里二三十棵核桃树每年能有约4000元的收入、秋季到山上将连翘还能有1000多元的收入、基本的养老保险金。小儿子每年也会给母亲3000多元补贴家用。2010年大儿子申请到了五保户的资格，从之前300元的医疗补助直接增加到2000多元的五保户补助。因盖新房所欠的债务已经陆续还清，目前没有欠债。

2014年陈喜籽被提名为山西省孝老爱亲模范，她的故事被山西电视台报道后，得到了很多人的关注，福建籍爱心人士陈金萱先生专程几次从福建赴左权县石暴村看望她，并给家里资助了一台液晶电视，给予了一些生活上的帮助。2015年，乡镇领导曾来陈喜籽家探望，问及老人是否有搬迁意愿时，陈喜籽说："我哪里都不去，从小生在这儿了，哪里都不想去。"2016年底，电影《盲眼人》剧组还来专程到她家里取景拍摄。

现在，平日里只有陈喜籽和大儿子两人，腿脚不太灵便的她也已不常下地干活，家里一亩多地由别人来种，每年给她300斤玉米，她把玉米磨成面粉，多数用来喂鸡。陈喜籽每天除了照顾大儿子外，还会养养花、喂喂猫，和来串门的邻居们聊一聊，晚上看看自己喜欢的《梨园春》节目。

（后记：陈喜籽的人生磨难即使在农村也是不多见的，她说家里这种先天性失明是"传男不传女，传大门不传二门，即大女儿生的孩子才会患病"。虽然她这种说法尚无科学依据，但初步推算可知，这种先天性失明是伴X隐性遗传，在携带这种遗传疾病的家庭中，一家三代10口人中，男性6人患病，女性2人携带遗传基因的概率是比较低的。值得庆幸的是陈家的第四代没有再出现先天性失明患者。）

人物访谈 5 小山村的养猪大户

受访者：张天如父子

时间：2017 年 2 月 14~15 日

地点：周家垴村张天如家

访谈者：刘泽华、安文静

张天如，出生于 1948 年，70 岁，小学文化程度。

2 月 14 日，下午从隘口村沿着 104 乡道蜿蜒而上十多里到达位于大山深处半山腰的周家垴村。周家垴村地理位置相对偏僻、地多人少、养殖环境优越，左权县最大的养殖合作社——顺隆养殖专业合作社就位于这里。在村会计张一廷的带领下，我们对张天如家分两次进行访谈。

（一）张天如

张天如家人丁兴旺、四世同堂，目前是周家垴村的大户，全家有 30 多口人。张天如夫妻育有四子一女。长子张一廷，出生于 1966 年，51 岁，是村里的会计；女儿张英，出生于 1968 年，49 岁，嫁到清泉乡，后又迁回本村；次子张二光，出生于 1974 年，43 岁；三子张三栋，出生于 1982 年，36 岁；四子张四波，出生于 1985 年，33 岁。五个子女都是念完初中就没有再继续上学。

张天如的侄子张大忠是本村村长。张大忠兄弟三人，张大忠是老大，老二张二增也住在本村，老三前几年因患脑梗塞，被儿子接去平遥一起生活了。

张天如是仍住在周家垴村里的少数几个老人之一，现在所居住的房子还是张天如的三叔在 1956 年盖的，已有 60 余年历史了。1968 年女儿张英出生后，张天如觉得自己的房子太小住不开，就向三叔买了这个房子，当时花了 300 多元。八年后（1976 年），又在村里盖了 4 间土坯房，随后的 22 年时间里一直住在那 4 间房子里，直到 1998 年次子张二光结婚，张天如就把 4 间房分别给了已经成家的长子和次子，自己和老伴还有未成家的三子、四子又搬回当年从三叔手里买的这个旧房子里。

张天如曾在 1993 年当选村长，不过只干了一年，之后他的侄子张大忠接任，一直当到现在。

老两口现在还有约 2 亩地，都是自己种，不过由于年龄大，体力大不如年轻时，不敢太劳累。每年地里种的都是玉米，一年大概能收 2000 斤，基本上按市场价卖给长子张一廷，做饲料喂猪。

五个子女除了平素给父母买药和生活用品外，每人每年还会给 600 元零用钱。年逾古稀的老两口没有什么大的花销，最近几年最大的一次开支是 2013 年翻修了一下房子，将门窗都换了，大概花了 2000 元。日常主要开支便是医药费，老人心脏不太好，每年看病吃药大概花费 2000~3000 元，去年（2016 年）病情突然加重，正月初五就到省城太原住院了，一年里来来回回跑了六趟医院，住院花了约 1 万元，新农合报销 70%，其余部分由儿子们分担，基本不用老人出钱。虽然现在病情基本稳定，但他还希望能更健康一些，所以平时比较注意锻炼身体，此外，他还喜欢根据电视广告买药，去年买了两盒药，600元，不过自己感觉效果并不明显。老伴苏春兰有关节炎，每年吃药需要花费2000元左右。

（二）张天如的儿女们

大儿子张一廷，今年51岁，从1995年开始担任本村会计一直到现在。村会计每年都有补助，以前标准低，1995年时补助标准是每年300元，后来逐年增加，2016年补助则是5200元。

张一廷有12亩地，其中6亩是自家的，6亩是种别人的（搬离本村或常年在外的村民不种地了，张一廷就把那些挨着自家耕地的地一并种上），全部种玉米，基本用来做饲料。去年本应该有12000斤左右的收成，但有4亩地遭受风灾，颗粒无收，损失近3000元，此外，山里还有山猪、花栗鼠、獾，村民称之为"三害"，每年这些"山里客"也会祸害点庄稼。

他们现在住的土坯房是父亲在1976年盖的，他从12岁一直住到现在，结婚就用的是这间房子，由于房子与厨房分开，家里比较干净。张一廷1993年开始养猪，是村里最早的养猪户，最初规模只有20头，如今存栏已达200头左右。妻子每天的主要任务是在家照看4岁的小孙子。

张一廷有两个儿子，都已经在左权县城买了商品房，但由于都要回村里做事，兄弟二人平时还和父母吃住在一起。张一廷的大儿子小强，今年33岁，育有一儿一女。女儿10岁，在县城上小学二年级；儿子7岁，今年后半年准备入学，两个孩子都由孩子妈妈来照顾。大儿子在村里也有自己的养猪场，与父亲张一廷的养猪场挨着，但父子两人独立经营、各自管理。大儿子的养殖规模也在100~200头。张一廷二儿子小志今年28岁，也有一儿一女，小志媳妇在县城照看上幼儿园的女儿，儿子则在村里由张一廷夫妇照看。二儿子小志高中毕业后，曾在左权县城打过几年工，但收入一直不稳定，结婚后便回到村里，到三叔张三栋的养猪场里打工。张一廷坦言自己家条件在村里算是比较好的，之所以成为贫困户，主要是因为给两个儿子先后结婚、买房，花费太大（能拿出一部分钱给儿子们买房子，说明张一廷之前养猪收入还是很可观的）。

女儿张英，今年49岁，22岁时嫁到了清泉乡五里铺，育有两个女儿，大女儿已结婚，小女儿在广东职业技术学院上学。张英虽然嫁到了外村，但2007年又将户口迁回周家垴，在自家兄弟们的帮助下也开始养猪，目前养猪场规模在100~200头。

二儿子张二光，今年43岁，就住在张一廷家隔壁，房子也是父亲张天如在1976年一起盖的，原本一大家人都住在这个院子里，张二光1997年结婚后分家，父亲便在院子中间垒了一面墙，将东头两间房分给哥哥，西头两间房分给张二光。

张二光有一儿一女，均在桐峪上学。儿子今年17岁，上学比较晚，今年刚上初三；女儿今年刚上小学一年级。2008年张二光为了方便孩子上学，与堂兄张大忠一起在桐峪买了宅基地，盖起两套住房（当时主要由堂兄负责修建，具体花了多少线张二光自己也记不清）。媳妇平时就在桐峪给孩子们做饭，儿子今年要中考，所以正月初七就去桐峪住了。他因为要照看养猪场，一般就住在周家垴村，抽空去桐峪家里看看媳妇和孩子。张二光2005年加入弟弟张三栋的合作社开始养猪，规模也控制在200头左右。他喜欢看电视，不过主要是看农业频道，希望能学到一些养殖知识。

三儿子张三栋，今年36岁，是周家垴养猪业的带头人。他初中毕业就去省城太原打工，一年后回到周家垴村开始养猪。张三栋的养殖业发展速度很快，15岁开始养猪，18岁时，就带头成立了顺隆养殖专业合作社。张三栋是左权县最大的养殖户，他媳妇和三个孩子都在左权县城居住，他则主要在周家垴照顾养猪场（不过，我们去周家垴村两次都没见到他）。

四儿子张四波，今年33岁，已婚，为方便10岁的孩子上学，2014年在桐峪镇买了房子，媳妇在桐峪照顾孩子。张四波2008年开始养猪，规模在100~200头，2016年行情最好的时候一口气把猪全卖了，现在张四波家的猪圈暂时空置。

（三）张家兄弟们的养猪历程

说起张家人养猪的历史还要追溯到20多年前，原本张家人与其他村民一样，一直过着春种秋收、精打细算的小耕农日子，没有多余的粮食，也攒不下多少钱。张一廷1986年结婚后，就开始寻思着怎么能多挣点钱，改变窘迫的生活，特别是两个儿子的出生更加强化了这种动力，因为在农村养儿防老的同时也意味着要给儿子娶媳妇、盖房子，单凭周家垴村所处的地理位置，就很难有姑娘愿意嫁过来，如果家里经济状况再不好，就更难娶媳妇了。而且，一直没能走出过左权县的张一廷还有一个心愿，他不想让儿子们重复自己的命运，希望他们能走出大山，到外面的世界去看看。以前村里每家都养着一两头猪，自己也有些养猪的基本常识，1993年26岁的张一廷一咬牙，把家里攒的2000元钱，拿去买了20只仔猪，从山沟里捡来石头在自家承包地里垒起猪圈，开始养猪。

张一廷虽然有一些养猪的基本常识，但刚开始养猪时还是很困难，对很多问题都是一知半解，猪得了病也不能及早发现，更谈不上预防或治疗，有些小仔猪不明原因就突然病死了。文化程度并不高的张一廷被逼无奈，到县城买一些养猪的书，拿回来自学养猪知识，有时还专程去向经验丰富的养殖户请教，边学边养，在实践过程中不断总结经验、教训，两年下来，逐渐摸清点门道后开始盈利，家里经济条件也因此逐渐有了起色，但初期的养猪规模一直控制在存栏50头以内。

张一廷的弟弟张三栋则从小就表现出敢于冒险的天分，1995年初中刚毕业的张三栋觉得在村里生活没有前途，就跑到太原市去打工，但由于年龄太小四处碰壁，一年后又回到了周家垴。1996年，年仅15岁的张三栋也有了养猪的想法，年轻气盛的他想比大哥更强更好，一开始就一下买了50头仔猪，买回来才发现自己没有多余的钱来买饲料，后续养猪陷入困境。无奈之下，他把猪散养到山上，让猪自己在山上找吃的，同时他每天也会在山上挖些野菜喂猪，父亲闲下来后过去给他帮忙，张三栋还经常跑去大哥家请教养猪知识。但由于没有足够的饲料，他的猪长得很慢，在父亲、哥哥的大力帮助下，辛苦养了近一年才勉强能出栏，然而，出乎意料的是，由于他家的猪是在山上到处跑，肉长得很结实，且瘦多肥少，销量奇好，很快张三栋养的猪在左权县就出了名，价格稍贵一些也不愁销路。

第一次养猪就尝到甜头的张三栋，1998年将养殖规模扩大到200头，计划继续采用散养模式养殖。但是规模扩大后，新的问题又出现了，由于数量太多，丢猪的事情时有发生，而且猪白天放出去晚上也很难全部赶回来，无奈张三栋又将猪重新圈养起来。恰好1998年生猪价格行情非常好，17岁的张三栋当年就赚到了人生中的第一桶金10万元，成为乡镇里的传奇人物。

1999年，堂兄张大忠（村长）也加入了养猪的队伍，于是张三栋就联合两个哥哥成立左权顺隆农民养殖专业合作社，张三栋任法人代表，注册资金达100万元，其中10万元为三人自筹，其余为贷款，主营业务包括种猪选育与育肥猪销售。由于合作社建设初期资金有限，全合作社仅有一台粉碎机和一台电动机。

就在合作社刚刚成立，三人正盘算着未来合作社的规划时，1999年底生猪价格大幅下跌，最低时生猪价格只有2.72元/斤，合作社只能勉强维持。但此时的张三栋并没有放弃继续扩大规模的想法，而是通过学习默默积蓄力量。张三栋抓住各种能学习的机会，给自己充电。他坚信：一辈子只做一件事，就一定能把它做好。在合作社刚成立的几年中，张三栋几乎没日没夜地在猪圈里泡着。早晨，他天没亮就起床，晚上常常忙到别人家都关灯睡觉了才回家。尤其是到了疫情高发期，为了节省时间，他干脆搬到了猪场宿舍，和工人们同吃同住。

猪场的猪越养越多，天天都有生病的，天天都有生小猪的，张三栋对此很是头疼，他请来了高级兽医师和多名专业技术人员负责技术，他们每次给猪看病，他都跟在后面，暗地里留心学习养猪的各种知识，认真总结各方面的经验教训。不管是凌晨还是半夜，只要母猪要生产，他就和兽医师、技术人员一块儿去为母猪接生，就这样边学边用，现学现用，以至到了后来，顺隆农民养殖专业合作社的兽医办公室只有一名兽医了，那就是张三栋。如今的张三栋，无论是在生猪的饲养流程上，还是对猪场所有防疫工作的具体部署，他都安排得头头是道。

除了照看猪场，张三栋还要抽空看书学习。有时候，实在看不进了，就和养猪的兄弟们聊天，聊如何防病治病，如何接生小猪，总结经验教训。慢慢地他摸索出一些门道来：猪什么时候该防疫，打什么针，仔猪怎么打，成年猪怎么办，他都总结出一套规律，仔细记在一个小本子上。张三栋觉得，只有自己真正学会了养猪，这养猪才不会是难题。正是因为他对原始资金和养殖经验的积累的重视，他养的猪远近闻名，买的人越来越多。

有了科学的养猪方法，张三栋开始了更加努力的创业，合作社也开始进入快速发展阶段。2003 年，国际国内市场的快速发展，带动生猪价格上涨，张三栋开始增加养殖数量，为下一步规模化发展积累原始资金。2005 年他筹集资金 200 万元，在村里建起了标准化猪舍 16 栋（每栋 20 个猪圈，每圈存栏 8 只），占地达 2000 平方米。张一廷与张大忠也将自己的猪圈进行标准化改造。同年，二哥张二光加入养殖合作社，出资建起了一栋猪舍。年底，全合作社养殖总规模已达 2000 头，合作社统一给 300 斤以上的母猪上了保险（每年交 13 元，母猪如果病死可以得到 300 元的补贴），周家垴规模化养殖逐渐步入正轨。

随着合作社养殖规模的不断扩大，养猪场的排污问题成为附近乡邻诟病的问题，尤其到了夏天，养猪场排污的气味甚至影响到村民的正常生活。2006 年，在左权县政府和畜牧局的帮助下，由县财政局出资，在周家垴建设了一座化粪池。养殖场的废渣经过化粪池厌氧发酵后，可以用于玉米地的施肥。猪场废料的循环利用，既解决了猪场排污问题，又可以帮村民们省去化肥开支，一举两得。顺隆养殖专业合作社因此成为左权县发展生态经济的典型（得益于此，2011 年顺隆养殖专业合作社被评为左权县十大生态庄园之一）。

2007 年随着生猪价格进一步上涨，张三栋投资 400 万元，在村前选址新建了一个养猪场，占地达 7000 平方米，含猪舍 22 栋，还配备了产床、保育栏、定位栏、消毒通道和消毒池等新型养猪设备。同年，已经嫁到清泉乡的姐姐张英也回到周家垴，加入顺隆养殖专业合作社，自建养猪场开始养猪。此时的顺隆养殖专业合作社，总养殖规模已突破 4000 头。

随着经营规模的不断扩大，张三栋又开始自学经营与管理企业的知识，将"造福乡邻"作为合作社发展的目标，希望带动更多的乡邻加入合作社，改善村民们的生活条件。他一方面积极吸纳经济条件较差的村民到养殖场打工，并给予专业的上岗培训和优厚的工资待遇；另一方面吸引有条件的农户加入合作社建立养猪场，合作社给予资金和技术上的支持。他采取"统一供料、统一技术服务、统一价格销售、分散经营"的模式运作，保障合作社农户的养殖和销售，带领乡亲们共同致富。

但是，由于周家垴位置偏僻，交通与基础设施条件较差，很多村民担心下雨下雪拉不进饲料、卖不出去猪，不敢下决心加入合作社。2007 年合作社筹资 28 万元，硬化了从周家垴到白家庄的道路，不仅方便了生猪和饲料的运输，也方便了这一条沟里村民们的日常出行。2008 年合作社又筹资 35 万元在周家垴打了 3 眼井，帮助村民们解决了冬季吃水难和养殖用水难的问题。在张三栋的带动下，2008 年四弟张四波开始养猪，自此张天如家子女 5 人已全部加入了养猪的行列。2009 年，大哥张一廷的儿子小强在其协助下也建起了自己的养猪场，开始养猪。另外，由于养猪过程中难免会出现病死猪的现象，病死猪对农户来说也是一笔不小的损失，虽然合作社会进行专业的技术培训，但很多农户还是因害怕损失而不敢养猪。2012 年国家出台相关政策，对年出栏 50 头以上生猪规模养殖场无害化处理的病死猪，给予每头 80 元的无害化处理补助经费，由畜牧局发放，在一定程度上缓解了养猪户的损失。附近的白家庄村、皇家庄村、隘口村开始陆续有农户加入养猪的队伍。

2013 年合作社通过统一引进自动喂食槽，大大节省了养殖户的人力资源投入，养殖户们也可以腾出精力进一步扩大规模。就在这一年，不断积累经验滚动发展的张三栋，养猪场规模已达存栏 5000 头，年出栏量超万头。

在养猪合作社持续稳定发展的同时，张三栋又开始寻求事业上的新突破，经过考察，他看中了鸡蛋市场，开始了蛋鸡养殖。2013 年，张三栋投资 500 万元建蛋鸡养殖一场，鸡舍 6 栋，占地 7800 平方米，其中供暖、通风、供水、喂料、集蛋、清粪、笼具、光照设备齐全，蛋鸡养殖规模可达 10 万只，日产蛋量可达 1 万公斤，当年实现纯收入 200 余万元。

养殖蛋鸡尝到甜头的张建栋，认为自己抓到了新的商机。2014 年，张三栋又投资 500 余万元建设蛋鸡养殖二场，采用全自动生产线组织生产，养殖规模与一场不相上下。这样一来，张三栋的蛋鸡养殖达 20 万只，日产鲜蛋达 2 万公斤，同年，又投资 100 万元在村前建设了占地 500 平方米的鸡蛋加工厂，主营业务为鸡蛋的筛选、清洁和包装。但卖鸡蛋毕竟是新的领域，由于对鸡蛋市场了解不足，在蛋鸡养殖场摸索发展的第二年，张三栋净亏损达 140 万元。遭受损失后，2015 年他将蛋鸡养殖规模缩减到

10 万只。

2014~2015 年，在蛋鸡养殖方面碰壁的张三栋，却在老本行——养猪方面迎来一波事业的小高潮，由于生猪市场行情较好，他的养猪场全年出栏量达 12000 多头，纯收入近千万元。张三栋养猪一年挣千万元的消息在乡镇里不胫而走，很多农户都有了搞养殖的想法。2015 年，年仅 27 岁的堂侄小杰也加入了养猪的队伍。2016 年，由于出现流感疫情，生猪市场价格出现波动，张三栋适当缩减生猪养殖规模，到 2017 年初张三栋的猪场中还存栏公猪 900 余头、母猪 700 余头。

目前，周家垴顺隆养殖专业合作社已成为左权县最大的养殖合作社。合作社现有五位成员，分别是张大忠、张一廷、张二光、张三栋、张英五个本家兄妹。其中，张三栋的养猪场存栏规模最大，峰值时能达到存栏 5000 头左右，其他几户的规模均在存栏 200 头左右。

这几个养殖户所在的周家垴，虽地处大山深处，不具备交通优势，但人少地多，养殖环境优越，而且通过合作经营的方式，统一品种、统一饲料、统一防疫、统一销售，通过规模经济优势，在降低养殖成本、增加养殖户的收入的同时，提高养殖户对市场风险的抵御能力。另外，本村还有三家养猪户，由于开始养猪的时间较晚，并不在合作社之中，分别是张小杰（2015 年开始）、张小强（2009 年开始）、张四波（2008 年开始）。虽说后三个人不是合作社成员，但同样能享受饲料的统一订货、送货，成猪的统一收购，与在合作社中无异。

在张三栋的带领下，周家垴大部分村民都实现了增收，很多原先已经外出打工的村民，也回到了周家垴，到养殖场上班。通过发展养猪产业，不仅周家垴村，整个周家垴村所在的白家庄沟都改变了原有的落后面貌。这条沟里的8个村31户办起了养殖场，总饲养规模可达1万余头，年产值2000余万元，吸纳农村劳动力120人，转化粮食2000吨，成为全县的养猪优势区域。

（后记：太行山腹地农村地区艰苦的生活条件和周家垴人纯真友善的乡土气息，造就了张家人坚韧不拔、百折不挠的性格。他们坚守着简单朴实的理想，在生养他们的这片土地上默默地奋斗着。在走向成功的同时，他们也带领着乡邻走上了脱贫致富的道路。

在这太行山深处，原本将要走向没落的周家垴，因为养猪产业的带动，又焕发出新的生机。周家垴养殖产业的发展经历了24年的风风雨雨，从最初的艰难起步、前期的缓慢扩张、中期的快速发展，到现在稳定带动片区经济发展。也许在别人眼里，张家人是左权县的养殖大户，有房有车，收入颇丰。但在光鲜的背后，只有张家人自己心里清楚成功背后的辛酸。周家垴养猪产业发展的每一步，都是张家人通过自己的努力，用经验与汗水换来的。）

人物访谈 6　生活越来越好

受访者：贾小军

时间：2017 年 2 月 16 日上午

地点：周家垴村养猪场

访谈者：李绍林、白婷

2017 年 2 月 16 日上午，调研小组再次来到大山深处的周家垴村，今天要调研的是村民贾小军。在村会计的指引下，我们自行走到位于村后不远处的养猪场，在养猪场门口等了十多分钟，才见到刚忙完配料工作的贾小军，他带着我们来到养猪场院子里的办公室，在办公室内开始了本次调研。

贾小军，男，1975 年出生，今年 42 岁。以下是贾小军谈话记录。

我的经历比较不顺，小时候家里条件差，11 岁才开始上学，当时村里小学只有四年级，五年级要到隘口村去念，离我们村六七里地，因为路远，所以我念完四年级后就不再念了。那时候也不重视上学，村里不少小孩都这样，觉得认得几个字就行了，不是很想念书。

不上学那年是 15 岁（1990 年左右），家里的地主要是父母和两个姐姐种。因为年龄小，就在村里帮人家放羊，一年大概有 300 来块钱。放了一年羊，16 岁时我又和村里的其他人到县城的工地上打小工，吃住都在工地上，小工工资低，每个月 200 多元，没有学到什么技术。不过，不用花家里的钱，有时还能补贴家里，就这样断断续续干了五六年。

后来，大姐二姐都出嫁了，大姐嫁到隘口村，二姐嫁到前面的皇家庄村，她们家里条件都很一般。（后来在皇家庄村，我们还访谈了他的二姐。）父亲眼睛失明，母亲又瘫痪在床，两人生活不能自理，我弟弟也外出去打工了，我只好回来照顾父母，还要种地。这几年弟弟几乎很少回家，家里就是我一个人种地，每年卖核桃也有点收入，就这样又过了六七年。2004年老母亲去世，2012年父亲去世，那年我37岁，老人不在后，我又去县城打工。

我22岁回来种地、照顾父母亲，一直没有结婚。当时家里条件差，老人又都有病，负担重，加上周家垴村这么偏僻，没啥人愿意嫁到这地方。那时候很少有人给我介绍对象，就是偶尔有人帮着说说，人家一看这情况后就不愿意了。父亲去世后，我又外出打工，也托人帮忙找对象，自己没有放弃过，相信一定可以娶上媳妇的。

2014年，经人介绍认识了现在的媳妇，她的丈夫去世后留下一个儿子，我俩条件都不太好，婚礼办得简单。儿子现在在山东上技校，再过两年就可以毕业，他每年的学费加生活费大约1.5万元。

结婚后我又在县城的工地上打了两年工，去年（2016年）正月回来在村里的养猪场做配料工，媳妇在村里的养鸡场打工。现在每个月工资3000元左右，媳妇的工资1500元。工资都是年底才给，平时要用钱的时候，可以向老板预支。去年底我拿到将近2万元的工资。

家里有 4.5 亩地，主要种玉米和谷子，谷子自己留着吃，玉米差不多都卖了。前两年出门打工时，就把地给别人种，只有核桃成熟的时候，回来打核桃卖。价格最高的时候，一斤核桃能卖 10~12 元，这两年不行了，去年一斤核桃才 6~7 元，家里十几棵核桃树收入有 3000 多元。

　　这些年村子里变化还是比较大，和我年龄差不多的人都去外面打工了，村里也没有几户人。因为我们村太偏，水泥路没有修通（2009 年）之前，出门很不方便。村里的人大多在十年前陆续搬到桐峪镇或隘口村了，条件好的人家搬到县城里。有些家里条件不太好的，小孩要上学，就在桐峪镇上或者县里租房陪着小孩上学。

　　我现在上班的这个养猪场，规模大概是近千头，老板三年前又在村里建了养鸡场，一年出栏大概上万只鸡。老板的兄弟和本家兄弟，有好几家养猪，规模不一样，收入都比打工强。

　　我现在的生活在村里算中等偏下吧，不过比以前好多了。从 22 岁回来到 37 岁老父亲去世，这几年照顾父母，没有其他想法，每天就是种地、做饭，看管老人的日常生活，是比较辛苦的生活，后来在外边打工的生活也一般，结婚后感觉生活挺好的。现在回到村里的养猪场上班，还是比较满意的，老板比较照顾我，给我们安排了单独的房子，有家的温暖。

附录

人物访谈 7 　甘心留在农村的 80 后青年

受访者：李安

时间：2017 年 4 月 18 日晚上

地点：桐峪村李安家

访谈者：刘泽华、白婷

　　李安，男，1985 年出生，现年 32 岁，初中毕业，党员，建档立卡贫困户；妻子王萍，1985 年出生，现年 32 岁，初中毕业。

　　在桐峪村东南角，排列着几排高大整齐的二层楼房，颇具富裕农村景象。这些比较新的紧挨着但又是独门独户的房子，是桐滩村为承接其他自然村搬迁过来的农户专门在批准的宅基地上新建的，每家占地面积一样。李安家是其中一排的东边第一户。我们 17 日下午到他家时，他的妻子王萍正坐在门口和邻居大嫂边聊边干针线活，在我们表明来意后，王萍说李安在邻村工地干活，她便领我们进家。她家的院子，除了二层正房外，还有东西两间厢房，分别是厨房和洗澡间，进得房间一看，完全是都市生活的配置，装修时尚、家具齐备，茶几上还放着一本《新型职业农民指南》。我们就从这本书说起，开始了对 80 后年轻农民夫妇的访谈。王萍说这本书是李安去年到县里参加培训时领的，前两年，他们家养殖了山羊，所以就去参加了县里的有关培训。

　　李安家的居住、生活硬件都很好，两个人又都年轻健康，当我们问到为何是贫困户时，王萍说，房子是公婆生前就盖好的，几年前公公、婆婆都生病，为了看病花了不少钱，再加上结婚，欠了不少债，老人相继去世后，债务就全由他们两口子来偿还，所以，被纳入建档立卡贫困户。

因为我们对80后的李安心甘情愿留在农村比较感兴趣，所以，第二天的傍晚就又来李安家，和他详细地聊了聊。

问：能谈谈你的人生经历吗？

李安：我1985年出生于墙头岭村（因村民全部搬离而消亡的一个自然村），小学和初中都是在桐峪村上学。2002年初中毕业后，没考上高中，就不读了。那年正好村里整体移民搬迁，我们家就从墙头岭搬到桐峪村。当年底，部队征兵，我报名参加，2003年初入伍去了保定，是通信兵，主要负责架电话线。入伍后由于表现突出，成绩优异，第三年我当上了通信班班长，还入了党。

2008年（23岁）复员回来后外出打工，曾经在朔州雁门关铁路隧道当焊工，隧道里工作条件艰苦。2009年父亲生病，我就回来照顾父亲，同时，还要种地、放羊，当时家里有90多只羊。我以前没干过农活，回来后才从松土、撒种、锄地开始学起。至于养羊，当时更不懂，也是边放边学，主要是学防疫、训练头羊方面的知识和技巧，现在我养的羊比别人家的品质都要好一些。

问：家里经济状况的变化？为什么后来会成了贫困户呢？

李安：以前家里条件比较好，2003年以后慢慢变差。我父母都是墙头岭村的，他们都只上过小学，但是我父亲年轻时头脑灵活，会做生意。

1984年他花2000元承包了一个"白石矿"（石英矿）挖"白石"，当时"白石"市场行情好，父亲挣了些钱，家里经济条件逐渐好转。"白石矿"经过6年开挖后，基本挖完了，父亲又开始琢磨其他营生。1990年，他用1万元在苇则村承包了一个铁矿，当时铁矿石1吨只卖20块钱，虽然没有卖"白石"挣钱，但还是比种地强。后来由于经营不善，铁矿开始不挣钱甚至赔钱，家里经济条件又开始走下坡路。

2000年父亲身体不好，经常咳嗽，去县里医院检查，说是肺结核，花了很多钱也没有治好。父亲得病以后就很少去铁矿，自己买了两只羊，开始在家养羊。当时养羊只是为了过年的时候吃羊肉，还没有养殖的想法。

2003年，因为在铁矿经营权问题上和苇则村村民产生一些纠纷，父亲就不再继续承包铁矿了（当时我已去保定当兵，铁矿上的具体情况我也不太清楚）。之后父亲干脆买了40多只羊，开始养羊，后来逐渐扩大到90只左右。

父亲不经营铁矿以后，主要的收入来源就没有了，再加上身体不好要治病，养羊也挣不了多少钱，家里经常入不敷出，经济条件也开始越来越差。

2006年母亲突然得了甲亢，后来又引发了心脏病，去太原的大医院看病后有所好转，但这期间父亲又被确诊为矽肺病，估计因为以前挖白石和铁矿的缘故。母亲病好后，家里的积蓄就已经花得差不多了，可是父亲的矽肺病越来越严重，2009年时，一点重活都不能干了，家里种地、养羊就靠我一个人。为了给父亲治病，光去医院洗肺、买药，就花了7万~8万元。

2011年正月刚过，父亲就去世了，那年我26岁，弟弟还在上大学。在这短短的5年时间里，为了给父母看病，家里不仅花光了以前的积蓄，还欠有外债。

料理完父亲的后事，母亲提出要建房子，我当时很不理解，因为那时家里已经拿不出建房子的钱了，而且外面有5万多元的"饥荒"（外债）。现在想来那是母亲为我做打算，希望我能早点成家。在母亲的坚持下，我们从亲戚那里借来8万多元，把原来的房子加盖了一层，还简单装修了一下。

2012年底我结婚，当时家里条件不好，连个像样的电器都没有，现在家里用的这些大件电器都是媳妇的陪嫁。结婚以后我们还有10多万元的外债，但是我想，只要能吃苦，咬咬牙这些债总能还清的。

2013年冬天，母亲在家里烧煤取暖发生意外，"煤烟"（一氧化碳）中毒，当时我和媳妇都不在家，等回到家，母亲已经去世了，那年她才50岁。

问：你有没有想过外出打工？

李安：我和媳妇都有过在外打工的经历。我退伍回来后当过一年电焊工，媳妇初中毕业后也一直在外面打工，先后在饭店、蛋糕房当服务员，后来因为工作生活不规律，落下了胃病，结婚以后才慢慢养好的。

我和媳妇都没技术，在外打工也是干力气活，或者当服务员。回来放羊，虽然天天都在外面，比较辛苦，但是自在，还能照顾家，村里空气比城里好，生活开支也低。我放羊这几年，每年都有 3 万~4 万元的纯收入，家里的饥荒全靠养羊这几年来还，到今年，饥荒差不多就能还完，以后经济上的压力就小了。在外面打工，一天到晚工作时间基本在 10 个小时以上，加班熬夜也是经常的事，也挺累。虽然打工挣得多一些，可是在城里的生活开销多，租房、吃喝、水电都要花不少钱，一年下来攒不了多少钱，吃住条件还不如家里。

我也不是说去城里打工就不好，可能一直在外面打工的人已经习惯了那样的生活，我在村里养羊、种地也有 8 年了，也习惯了这种生活方式。我不打算再去外地打工，偶尔在附近打打零工还可以，我觉得在村里搞养殖就不错。还有一个情况是我弟弟还没有成家，父母去世后，弟弟就剩我这一个亲人了，只要我在家里，弟弟放假时就能回来住上几天，如果我和媳妇都出去打工，弟弟回了家，连个人都没有，那还是家吗？

问：养羊的收益如何？

李安：我养的是黎城大青羊，体格大、发育快、产肉率高，肉质也比较好，产绒量高、绒质也好，而且适应、抵抗力强，是以前生产队改良出来的品种。现在政策好，每年防疫站的人都会来给羊打疫苗，疫苗也是免费的，羊平时吃的野生草药也不少，不需要太担心疫情的问题。2016 年县里组织培训养羊技术，我还专门去学习了几天。

八年前我放羊时有 90 多只羊，还替别人放养 100 多只，每年能收入三四万元，后来规模慢慢扩大，最多的时候放过 300 只。前几年羊肉市场行情好，最多时一年能挣七八万元。这两年羊的价格只有原先的一半左右，就少养了一些，只养了 200 多只羊。2016 年底，村里计划统一在墙头岭种植连翘棒，开始禁牧，我就逐渐卖了一些，今年3 月又卖了 100 只，现在只有 30 来只，暂时包给别人，让他们替我放。

羊的市场行情比较复杂，不同品种、毛色、年龄的羊，价格相差很多，比方说公羊就比母羊贵，黑羊就比白羊贵，普通羊养 6~8 个月就可以卖了，产仔的母羊能养7~8 年。如果卖羊绒则又是另一种市场行情，白羊羊绒比黑羊羊绒贵一些，每年夏天都要专门雇人来剪羊绒，200只羊每年卖羊绒也能挣 3000 元左右。总之，养羊收入不太稳定，平均每年能收入四五万元吧。

不过，放羊也很辛苦，不论刮风下雨每天都得出去，平时早上 10 点多出门，晚上天黑了才回来，午饭都是媳妇给我送去。夏天、秋天可以把羊赶到山上去吃草就行了，但春、冬两季需要备足草料。我家在墙头岭村还有四亩地，每年能打 4000 来斤玉米，全都用来喂羊了，就这也不够，还需要买草料补充。

问：等经济条件好转后有什么打算？

李安：我没有其他技术，现在养羊积累了一些经验，我计划今年秋天再买些羊羔，继续放羊。我还想逐步扩大养殖规模，300~500 只吧，但是还是要根据市场行情来决定。

左权这边卖羊都是直接卖给收购商，收购商再把羊卖到广州那边。我想以后规模扩大了，自己直接去南方找买家，省掉中间环节，提高养羊的利润。

我以前有过成立一个合作社的想法，但是成立合作社大规模散养山羊对生态破坏太厉害。如果采用圈养的方式，黎城大青羊又不适合圈养，需要更换养殖品种。我也考察过，波尔山羊就适合圈养，但圈养养殖要求比较严格，成本比较高。如果规模太小，没有什么利润空间，规模太大的话，前期投入又高，风险比较大，一般农户不愿承担这个风险。而且，现在的合作社都是以家庭或家族为纽带，一般不是亲戚，别人都不相信你。比如说周家垴的养猪合作社，虽然规模很大，但合作社里的人都是本家，外人进不了合作社。我没什么亲戚，成立合作社别人也不一定信任我，不愿意和我一起干，还是等过两年养殖规模扩大一点再考虑吧。

人物访谈 8 乡村医生——农村医疗变迁的亲历者

受访者：申医生

时间：2017 年 4 月 20 日

地点：滩里村

访谈者：李绍林、刘泽华

申医生，男，1950 年出生，现年 67 岁，初中文化程度，是附近小有名气的乡村医生，虽然已经退休，但是仍然会有村民来找他看病。

2017 年 4 月 20 日，我们一早来到位于滩里村的桐滩卫生室，这是申医生退休前工作的地方，现在由他的女儿小申负责。我们来的时候，申医生已经下地干活去了，在他女儿带领下，我们在地边找到申医生，并就他个人经历与农村医疗问题对他进行了访谈。

申医生 7 岁开始在桐峪小学上学，13 岁进入桐峪镇中学，受"文化大革命"影响，念完初二就开始在家务农。19 岁应征入伍，在江西"海军后勤部九江保障基地"服役四年。服役期间，申医生经常生病住院，为了减少住院次数、时间，他开始自学医学知识，后逐渐对医学产生了浓厚兴趣，并读了不少医学书籍，23 岁退伍回到村里，被推荐为滩里村会计。

（一）改革开放前的赤脚医生

1974 年，左权县给滩里村赤脚医生培训指标，申医生因对医学很感兴趣，便报名参加并获得了培训机会。一个月后，他培训结束回来，村里从临街门面房中分出一间，花 800 元购置听诊器和一些基本药品，成立了最初的滩里村诊所，就这样申医生从村会计转行为一名赤脚医生。

接下来的三年时间里，申医生每年都要去榆次市晋中卫校进修一个月。即便如此，因为没有受过系统的医学教育，他刚开始也只能解决一些头疼脑热、跌打肿痛的小病，其他病治不了也不敢治。虽然当时国家对贫下中农有减免政策，可以减免一半左右的医药费，但是仍有许多农民由于经济困难，没钱外出看病，只能选择放弃治疗。每当遇到这种情况，申医生都非常难过，于是他暗下决心努力提高自己的业务水平。

考虑到西药太贵，村里人吃不起西药，附近山上又有多种中药材，申医生就开始自学中医，除了钻研中医书籍外，他还向附近的老中医请教、交流经验，也手抄了很多民间土方，逐渐摸索出了一些治疗疑难杂症的中医治疗方法，凭借着治疗效果的改善，他逐渐获得了村民们的认可。

据申医生回忆，20 世纪 70 年代，当赤脚医生非常不容易，都是半农半医，加上村里医疗条件落后，行医非常艰苦。其一，农村的医疗设备十分简陋，一个药箱、一个听诊器、一支针筒、几块纱布、一个针灸包，再加上一些常用药，就是全村的医疗资源了。其二，赤脚医生没有固定的工资。虽然每月会有一些补贴，生产队也可以记工分代酬，但靠这点微薄的补贴和工分，根本满足不了赤脚医生的基本生活。因此，半农半医的赤脚医生比其他人更辛苦。当时农民干一天活计10个工分，每年最多可以积累3650工分，赤脚医生每年给800工分，剩下的工分还是要靠干农活来攒。

尽管做赤脚医生艰苦，但申医生还是尽职尽责，满怀热情地为村民们服务。不管深夜还是风雨交加的日子，只要有村民们叫，他就会去赴诊，认真地给村民看病打针。申医生说："作为一个医生，医德很重要，村民们是能感受到的。"他举例说，桐峪村李大夫是中医世家，医术高明，医德也好，会治疗很多疑难杂症，村民们都很敬重他，可惜1985年就去世了。几十年来，桐峪村因各种原因先后换了四位赤脚医生，但滩里村赤脚医生一直由申医生担任，桐峪村很多病人也常常会找他来瞧病。

（二）从赤脚医生到乡村医生：身份、职责双转变

1985年1月，"全国卫生厅局长会议"决定将"赤脚医生"改名为"乡村医生"，凡经考核合格，相当于中专水平的赤脚医生，发给"乡村医生"证书，并每年定期接受当地卫生部门审核。1986年，36岁的申医生通过"乡村医生"考试，获得行医资格。随后，村里给他重新分配了一间房子，正式成立"滩里村卫生室"（现"桐滩村卫生室"前身，2002年并村后更名），负责全村的防疫和公共卫生工作。之后，卫生室的药品由县药材公司统一供应，乡村医生的工资由财政根据村庄的人口发放，药品数量、质量和工资都有了保障。

但药品仍需由个人投资从药材公司购买，在进价基础上自行加价销售（加价一般在 30% 左右）。由于申老医生懂中医，也推崇中医治疗，不主张输液，病人多以吃中药和针灸为主（针灸免费），平均每天有近 30 人前来问诊，给他们开的药都在 10 元以内，最多不超过 30 元。虽然申医生的乡村卫生室与镇卫生院距离很近，但由于卫生室治疗费用低，村民们大多还是会来卫生室治疗。

2010 年左权县开始推行基本公共卫生服务改革，建立村民健康档案。由于乡村医生就是乡村基本公共卫生服务的提供主体，这项工作也是由申医生负责。财政按照村人口数量每人 15 元的标准给予乡村医生补贴（2017 年标准提高至一个村民补贴 18 元）。

基本公共卫生服务项目是我国政府针对当前城乡居民存在的主要健康问题，以儿童、孕产妇、老年人、慢性疾病患者为重点人群，面向全体居民免费提供的最基本的公共卫生服务。目前，国家基本公共卫生服务项目包括城乡居民健康档案管理服务、健康教育服务、预防接种服务、0~6 岁儿童健康管理服务、孕产妇健康管理服务、老年人健康管理服务、高血压患者健康管理服务、2 型糖尿病患者健康管理服务、重性精神疾病患者管理服务、结核病患者健康管理服务、中医药健康管理、传染病及突发公共卫生事件报告和处理服务、卫生监督协管服务等 13 项内容。

那阵子，他除了每天走村入户建立全村人的健康档案，还要做好特殊人群的健康管理，记录村中慢性病患者

（主要为高血压、糖尿病、冠心病三种）、孕产妇的健康状况及跟踪随访情况。另外，申医生每天还制作黑板报、给村民们发放宣传手册，普及疾病预防知识。

2010年12月1日起，全省所有行政村卫生室实施国家基本药物制度，实行零差率销售，集中采购，统一配送。也就是说，药品进价多少，就卖给患者多少。药品收入由国家直接给予30%的补贴。同时，将村卫生室纳入新农合门诊统筹范围，村卫生室的一般诊疗费和基本药物予以报销（每年可报销60元）。不过，慢性病60%的用药报销和贫困户80%的用药报销只有在乡镇卫生院就诊时才能享受，因此，来卫生室看病的村民逐渐减少。因乡卫生院没有中医科，有些人还是愿意来找申医生开点中药。卫生室每年基本公共卫生补贴大约5万元，药品补贴收入仅3000元左右，卫生室的主要职能也从提供诊疗服务转变为提供基础公共卫生服务。

（三）乡村医生后继乏人

2009年，申医生临近退休，他原希望儿子来继续自己的乡村医生，但两个儿子都没有这个意愿，好在女儿小申愿意从事这一行。恰好晋中市从这一年开始启动针对乡村医生的专门培训，乡村医生可以推荐子女免费上学，学员结业后必须在乡村服务5年。于是，他推荐女儿报名参加，小申便在晋中市某卫校进行了为期三年的专业培训，结业后在晋中市某医院实习8个月，又在左权县某医院实习5个月，还在桐峪镇卫生院实习3个月，之后才正式成为一名新的乡村医生。

2012 年，申医生退休，把工作移交给女儿，本以为退休后可以过清闲日子，但是，周边一些老人还是经常来找他开方子抓药，女儿遇到棘手的病症也常常要向他请教，申医生一时难得清闲，于是，他又在家里腾出一间屋子开设门诊。因乡村医生的资质需要年审，退休后无法年审，按规定申医生已经失去行医资格，是不能再给村民看病的，镇卫生院的领导也曾劝说他将门诊关闭。这时申老医生拗劲上来了，他说自己一辈子行医，难道因为退休就不会看病了？"来看病的村民都是自愿找上门来的，莫非要把他们拒之门外吗？"

申医生认为自己的医术虽没有大医院里的医生高明，但有时大医院治不了的病，自己反而治得了。2002 年初，桐峪村村民老褚由于突发脑溢血，到县医院抢救过来后，因后遗症瘫痪在床。他家经济困难，没有条件长期住院恢复治疗，只能回家治疗，申医生用中医针灸方法给他治疗，一个多月后，老褚竟然可以下地干一些轻活。附近黎城县、武乡县也常常有患者专程跑到他家里来看病，有时还有人来接他出诊。

（四）农村医疗改革任重而道远

谈起农村医疗卫生情况，申医生表达了自己的看法，他说值得肯定的，一是对乡村医生的要求更加严格，持证的乡村医生每年都需要得到镇主管卫生工作的领导、村委会以及卫生院领导审核，签订合同才能生效。

二是基层卫生服务更加重视公共卫生的宣传以及一些常见病的预防，每年给 60 岁以上的老年人免费体检。

三是现在农村医疗水平比以前有了明显进步。

但是，农村医疗仍然存在着很多问题，一是医务人才短缺，年轻人不愿意到农村来，他举例说，之前镇卫生院还有放射科，放射科的医生退休后，因为没有专业的人员接替，放射科就关闭了。二是农村医疗硬件设备简单、低端，仍停留在量血压、测血糖的水平。不过即使有设备也可能因为缺乏人才而闲置。农村医疗服务水平与城市差距很大，农村看病难的问题远未解决。

人物访谈9 农村教育发展的见证人

讲述者：申老师

地点：滩里村申老师家

时间：2017年4月19日下午

访谈者：李绍林、刘泽华

申老师，男，1947年出生，今年70岁，中学退休教师。以下是申老师的自述。

我7岁（1954年）开始在桐峪村小学上学，当时桐峪村、滩里村两个村共一所小学。小学毕业后又上了两年高小，15岁（1962年）考上桐滩中学，当时周边9个乡镇就一所中学，那年招收45人，桐峪镇只有6个人考上，我是其中之一，三年后毕业。1965年8月，乡镇落实国家有关政策，成立桐滩农业中学，因为是由村里组织师资力量，所以村干部就让我到桐滩农业中学当老师，于是，1965年9月我成为村里的民办教师，1969年桐滩农业中学并入桐滩中学。

1972年经镇主管教育的领导以及校长的推荐，我参加了民办教师转正考试，通过考试后，正式成为一名公办老师。随后，县教育局要求我们这批公办教师去其他乡镇中学工作一段时间，我就到了附近的麻田中学，四年后（1975年）申请调回到桐峪中学（70年代中期推行九年制教育，桐滩中学更名为桐峪中学），一直到2002年（55岁）内退，算下来当了37年中学教师。

内退后就在家务农，2008 年桐峪镇邮政局领导让我去乡镇邮政局帮忙，负责报纸、杂志的订阅以及邮政储蓄工作，干了 5 年多，因为工作任务越来越多，再说年龄也大了，就彻底退休回家。

1958 年以前，桐峪村和滩里村只有一个小学，当时是 5+2 模式，也就是 5 年初小和 2 年高小。当年 2 月桐滩中学成立，面向周边 9 个乡镇招生，但招生人数比较少。桐滩中学刚成立时，校舍还没有建好，教学点就先设在桐滩小学里。1959 年桐滩中学校舍建成，当时学校有十来个老师。

1965 年设立桐滩农业中学，招收一部分没考到桐滩中学的学生。我中学一毕业就到桐滩农业中学当民办老师，当时的桐滩农中仅有 5 个老师，设有 2 个班，每个班有 30 人，课程主要是数学、语文、音乐、体育等，也开设英语课，课程内容与桐滩中学没有差异，只是师资力量以及生源弱些。

1969 年桐滩农业中学并到桐滩中学，1971 年更名为桐峪中学，并成立高中部。1975 年当我从麻田中学调回桐峪中学时，初中各年级有三四个班，每个班有 40 人左右，当时的教学质量比左权中学还要好。1975 年到 1991 年桐峪中学的教学质量和文体成绩一直排在全县前列，县学生运动会还在桐峪中学开过好几次。

1991 年以后桐峪中学教学质量就逐年下渐，主要是因为师资和生源发生了变化。当时学校领导频繁更换，教师队伍出现不稳、断档现象（好教师调到县城或其他地方），同时，村里家庭条件好的农户，纷纷把孩子送到县城读书，到现在也还存在这个问题。

现在农村的教育硬件条件很不错，但在软件上还是有差距，主要表现在三个方面。

其一，老师的敬业精神不足。我们那时候在学校当老师，包括我学生时代的老师，基本上是以校为家，起早贪黑，老师住宿舍很多一月回家一趟，现在的老师多数都在县城安家，没课的时候早早就回城了。

其二，学生上学不方便。外村的学生来镇里上学，距离比较远，也不太安全，必须住校。中学生住校还可以自己照顾自己，小学生的生活自理能力就弱一些，所以就有很多家庭要来学校附近租房子陪孩子上学，这无形中也增加了家庭支出。

其三，优秀教师流失严重。乡镇学校一批教学效果好的教师通过各种途径都离开了乡镇，师范大学毕业生也不愿意到乡镇来工作，说实话，来乡镇工作找对象都受影响。

如何才能改变当前乡镇的教育状况？我之前也想过这个问题，不过要想解决却并不容易……

参考文献

国家发展和改革委员会:《全国易地扶贫搬迁年度报告（2017）》，人民出版社，2017。

姜长云:《推进农村一二三产业融合发展　新题应有新解法》，《中国发展观察》2015年第2期。

李汉文等:《贫困地区农村公共品供给困境研究——基于四川省通江县的考察与分析》，中国财政经济出版社，2009。

李鸿:《贫困落后地区增强自我发展能力研究：以贵州省为例》，中国社会科学出版社，2015。

李培林、魏后凯、吴国宝:《中国扶贫开发报告（2017）》，社会科学文献出版社，2017。

李小云等:《论我国的扶贫治理：基于扶贫资源瞄准和传递的分析》，《吉林大学社会科学学报》2015年第7期。

李周:《中国反贫困与可持续发展》，科学出版社，2007。

林燕平:《董湾村的农民生活——西北地区村庄实地考察》，中国社会科学出版社，2015。

刘坚主编《中国农村减贫研究》，中国财政经济出版社，2009。

刘娟:《贫困县产业发展与可持续竞争力提升研究》，人民出版社，2011。

隋福民等：《甘肃武威黄羊镇城乡一体化发展之路》，中国社会科学出版社，2010。

汪三贵等：《连片特困地区扶贫项目到户问题研究》，《中州学刊》2015年第3期。

徐鲜梅：《国定贫困县下的村庄——云南白邑村国情调查》，中国社会科学出版社，2015。

徐旭初：《贫困中的合作——贫困地区农村合作组织发展研究》，浙江大学出版社，2016。

闫坤、于树一：《中国模式反贫困的理论框架与核心要素》，《华中师范大学学报》（人文社会科学版）2013年第6期。

闫坤：《中国特色的反贫困理论与实践研究》，中国社会科学出版社，2016。

余佶：《资产收益扶持制度：精准扶贫新探索经济》，《红旗文稿》2016年第2期。

周立群、曹利群：《农村经济组织形态的演变与创新》，《经济研究》2001年第1期。

左权县志编委会：《左权县志（1991~2010）》，中华书局，2016。

后　记

　　从 2016 年 11 月首次进入左权县桐峪镇桐滩村到 2017 年 10 月底结束调研，在近一年的时间内，从初冬到深秋，我和我的四名硕士研究生组成的子课题组先后四次深入桐滩村的 7 个自然村 88 户农户家中进行调研，有的农户家里去了不止一次，同时，还对村庄的合作社、日间照料中心、红白理事厅等组织、场所进行深入调研，到桐峪学校、桐峪镇卫生院实地调研，通过走访老教师、老医生来了解村庄教育、医疗、养老等公共事业发展情况。本课题组从承接任务到实地调研、撰写调研报告，整个过程得到了许多师友、县乡干部、农民朋友的大力支持和热心帮助。

　　首先，感谢中国社会科学院农村发展研究所的吴国宝研究员、谭清香老师，以及在读博士曲海燕师妹。吴老师在我博士毕业后，仍常常勉励、帮助我，我才得以不断学习与进步。谭清香老师是本子课题的合作主持人，每次调研及后续繁杂事务都需要谭老师帮助处理，感谢他的热心、耐心支持。曲海燕博士作为总课题组秘书，在紧张学习之余还要和几十个子课题组对接每个环节的具体事务，感谢她的辛勤付出。

其次，感谢左权县桐峪镇的领导班子对我们调研的鼎力支持，特别是冯瑞斌镇长、王卫国副镇长、岂现丽副镇长，我们每次调研都要先和王副镇长联系，以便得到镇里的帮助。调研过程中，我们常常在镇政府食堂吃午饭，有时为了节约时间，还要住在镇上，感谢镇政府工作人员的默默支持。

感谢桐滩村7个自然村的村干部，石暴、申家峧等5个自然村比较小，离桐峪村也比较远，平时事情不多的时候，村干部在外打工或在县城、乡镇陪孩子，我们进村调研时，他们就要专门回到村里陪同我们。感谢接受我们调查的农户们，绝大多数农户是纯朴热情的，积极配合我们的问卷调查。

感谢左权县扶贫办、农业局、统计局、文旅局等政府部门。有时为了找一些资料，在没有任何领导、熟人朋友的介绍下，我们就贸然走进这些部门办公室，自我介绍说明来意后，部门领导、工作人员都能友善对待我们，并在工作允许范围内尽可能提供资料。

最后，感谢我的硕士研究生刘泽华、李绍林、白婷、安文静四位同学，他们是子课题组成员，我们师生五人组成了一个能吃苦能战斗的团队。我们一次次乘坐乡间公交车在207国道的拉煤大车中穿梭，一起贪黑起早行走在安宁静谧的山村小路上，共同完成本次调研任务。

桐滩村进村入户调研结束后，子课题组便进入问卷整理、录入、分析、撰写调研报告阶段，与此同时，四位研究生开始了学位论文修改完善、参加各类应聘考试等毕业前的重要准备工作，笔者却因单位工作繁重放慢了调研报告撰写节奏，直到暑假过半，才完成了这份调研报告。

桐滩村像众多平凡的山村一样，并没有明显产业优势与特色，因此，在脱贫攻坚中，需要采取产业发展、易地扶贫搬迁、教育扶贫、生态扶贫、社会兜底等举措，合力攻坚才能实现脱贫目标。尽管我们在实地调研中认真负责，在撰写报告时反复斟酌、修改，但囿于笔者能力，看待桐滩村的情况还不够深入，对桐滩村精准扶贫精准脱贫的总结还不够到位，因此，所写调研报告的高度与深度就难免差强人意，恳请各位专家学者、县乡干部批评指正。

郭建宇

2019 年 8 月

后
记

图书在版编目（CIP）数据

精准扶贫精准脱贫百村调研. 桐滩村卷：太行山干
石山区村庄精准扶贫实践 / 郭建宇著 . -- 北京：社会
科学文献出版社，2020.6
　　ISBN 978-7-5201-5180-1

　　Ⅰ.①精…　Ⅱ.①郭…　Ⅲ.①农村-扶贫-调查报告
- 左权县　Ⅳ.① F323.8

中国版本图书馆CIP数据核字（2019）第146093号

·精准扶贫精准脱贫百村调研丛书·

精准扶贫精准脱贫百村调研·桐滩村卷
　　——太行山干石山区村庄精准扶贫实践

著　　者 / 郭建宇

出 版 人 / 谢寿光
组稿编辑 / 邓泳红　陈　颖
责任编辑 / 张　超

出　　版 / 社会科学文献出版社·皮书出版分社（010）59367127
　　　　　　地址：北京市北三环中路甲29号院华龙大厦　邮编：100029
　　　　　　网址：www.ssap.com.cn
发　　行 / 市场营销中心（010）59367081　59367083
印　　装 / 三河市尚艺印装有限公司

规　　格 / 开本：787mm×1092mm 1/16
　　　　　　印张：13　字数：125千字
版　　次 / 2020年6月第1版　2020年6月第1次印刷
书　　号 / ISBN 978-7-5201-5180-1
定　　价 / 59.00元